목사님,
제자훈련이
정말
행복해요

국제제자훈련원은 건강한 교회를 꿈꾸는 목회의 동반자로서 제자 삼는 사역을 중심으로
성경적 목회 모델을 제시함으로 세계 교회를 섬기는 전문 사역 기관입니다.

목사님, 제자훈련이 정말 행복해요

초판 1쇄 발행 2016년 10월 17일
초판 6쇄 발행 2016년 11월 14일

지은이 이권희

펴낸이 박주성
펴낸곳 국제제자훈련원
등록번호 제2013-000170호(2013년 9월 25일)
주소 서울시 서초구 효령로 68길 98(서초동)
전화 02)3489-4300 **팩스** 02)3489-4329
이메일 dmipress@sarang.org

ISBN 978-89-5731-712-9 03230

목사님,
제자훈련이
정말
행복해요

평범한 전통 교회,
강력한 제자 공동체로 거듭나다

이
권
희
지
음

국제제자훈련원

이권희 목사님은 복음의 열정이 가득한 분입니다. 이 책을 읽어보면 예수님을 향한 저자의 간절함과 뜨거움이 곳곳에 스며 있습니다. 책 속에 나타난 교인들의 신앙고백과 간증은 하나님의 양 떼에 대한 애끓는 사역의 산 증거들입니다. 사역의 좁은 길인 제자훈련을 위해서 저자가 오랜 시간 묵묵히 흘린 눈물과 수고가 이 책에 고스란히 담겨 있습니다. 특히나 오늘날처럼 복잡다단하고 힘겨운 현실에서, 생업으로 일상에 꽉 붙잡혀 살아가는 사람들을 대상으로도 제자훈련이 가능할까 하는 쉽지 않은 물음에도 명쾌한 답을 제시합니다.

제자훈련이 필요하다는 점은 누구나 동의하지만, 현장에서 직접 뛰며 챙기는 일은 아무나 할 수 있는 것이 아닙니다. 예수님을 닮기 위한 제자훈련은 사탄이 심하게 방해하는 사역이기에 결코 쉽지 않기 때문입니다.

이런 점에서 볼 때 제자훈련 목회 현장에서 많은 장벽과 어려움을 녹여내면서 얻은 풍성한 열매를 보여주는 이 책은, 실제적인 장애물을 넘는 디딤돌이 될 것이고, 갈등의 길목마다 방향키가 될 것이며, 힘들어 주저앉으려는 이들에게는 버팀목으로 쓰임받을 것입니다.

오정현(사랑의교회 담임목사)

저자인 이권희 목사님은 참 성실하고 겸손한 분이다. 몇 년 전 신일교회 부흥회를 섬기러 가서 그곳에서 처음 뵀는데 목회를 참 잘하신다는 인상을 받았다. 책 내용처럼 '골목 안 100미터'에 위치한 교회였는데 생동감이 넘쳤다. 그 비밀이 책 속에 잘 나와 있다.

이 책은 전통 교회를 제자훈련을 통해 어떻게 생동감 있고 은혜가 충만한 교회로 변화시킬 수 있었는지에 대한 솔직하면서도 깊이 있는, 저자의 고백적 기록이다. 흔히 전통 교회의 체질을 바꾸는 것보다 새 교회를 개척하는 편이 차라리 쉽다는 말을 한다. 하지만 그 전통 교회도 변화될 수 있음을 누군가는 보여주어야 한다. 이런 점에서 저자에게 감사한 마음이다.

나 역시 제자훈련 목회를 하면서 "사람은 변한다!"라는 확신을 갖게 되었다. 이것은 다른 사람이 아니라 나 자신을 보면서 갖게 된 확신이니 정말 놀라운 일이 아닐 수 없다.

이 책을 읽으면서 많은 감동을 받았다. 주님이 기뻐하시는 교회를 세우고 싶다는 저자의 소원과 진실한 마음에 감동을 받았다. 장로님들과 하나가 되어 교회를 변화시켜나가는 세심한 목회에 감동을 받았다. 제자훈련하는 것을 넘어 재생산이라는 초점을 놓치지 않은 점, 그래서 전노의 열성으로 교회가 부흥했다는 점도 감동이었다. 그리고 현대 목회가 지향해야 할 소그룹 목회에 대한 저자의 탁월한 안목에도 박수를 보내고 싶다.

이 책을 통하여 받는 도전이 있다. 그것은 바르게 깨달은 방향에 대한 실험 정신과 현실에 타협하지 않는 추진력, 교인들의 자발적인 참여를 이끌어내는 목회자의 정직함과 신실함, 그리고 문제 앞에서도 좌절하지 않는 믿음이다. 그래서 저자의 이 말에 깊이 공감할 수밖에 없다. "나는 이 책을 통해 한 가지 사실을 확실하게 말하고 싶다. 목회자가 딴전 피우지 않고 '주님 사랑, 교회 사랑, 영혼 사랑'의 뜨거운 마음으로 목양에 전념한다면 교회에는 분명히 변화가 일어난다. 성도들이 행복해진다. 하나님이 일하시기 때문이다."

저자의 의도대로 이 책은 건강한 목회를 갈망하는 많은 목회자에게 희망과 용기를 줄 것을 확신한다. 특히 목회를 준비하는 이들에게 본질에 충실한 건강한 교회, 성도들에게 희망이 되는 교회의 설계도를 제시하고 있다. 그래서 이 책을 읽은 후에는 여러분도 신일교회를 찾아가 보고 싶어질 것이다.

유기성(선한목자교회 담임목사)

교회가 변했다고 할 때에는 대체로 두 가지 질문을 던지게 된다.

첫째, 교인들이 정말 변했는가?

둘째, 변화의 결과로 교회는 정말 성장했는가?

서울 독산동의 신일교회는 질적으로 많이 달라졌고 양적으로도 크게 성장했다. 부흥회 강사로 가서 잠시 말씀을 전했지만, 나도 그것을 느낄 수 있었다. 신일교회의 변화와 성장은 교인 한 사람 한 사람을 예수의 제자로 훈련해 복음으로 사람을 살리고 키우고 고치는 '생명사역자'로 바꾼 것에 대한 자연스런 열매다.

《목사님, 제자훈련이 정말 행복해요》는 변하지 않을 것 같은 환경 속에서도 '이렇게 하니 변하더라' 하는 제자훈련 목회의 현장을 그대로 보여준다. 교회의 건강한 변화와 정상적인 성장에 목말라하는 모든 목회자에게 용기와 희망을 주는 이 책을 기쁨으로 추천한다.

권성수(대구동신교회 담임목사)

간혹 후배 목회자들에게 조언할 일이 있을 때에 '구구단'을 잘 외워야 한다고 강조하곤 한다. 구구단도 못 외우면서 '미분이나 적분'을 풀려고 하면 되겠느냐고 말이다. 내가 아는 이권희 목사님은 구구단을 잘 외는, 기초가 튼튼한 목회자다. 이런 면에서 본다면 그가 부임해 섬긴 신일교회의 부흥 소식은 크게 놀랄 일이 아니었다.

나는 오래전부터, 신일교회에 부임한 이후 저자가 경험했던 목회 이야기를 책으로 펴내면 좋겠다는 생각을 했었다. 기초가 튼튼한 목회자가 기초가 튼튼한 목회를 할 때 어떤 열매가 나타나는지를 사람들에게 보여주면 좋겠다는 생각에서였다.

그 바람이 이루어져 기쁘게 생각한다. 이 책을 통해 목회 현장에서 수고하시는 동역자들이 사역에 적용할 만한 많은 힌트를 얻기를 바라는 마음으로 이 책을 추천한다.

이찬수(분당우리교회 담임목사)

저자는 저와 오랜 세월 교제하며 동역해온 막역지우입니다. 같은 교회에서 담임목사와 부교역자로 처음 만났지만 미국 유학 기간에도, 그리고 귀국 후 오늘에 이르기까지 끊임없이 교제하면서 신앙과 목회 비전을 나누고 있습니다. 후배이지만 정말 자랑스럽고 존경할 만한 목회자입니다.

특히 저자가 신일교회 담임목사로 부임할 당시, 저자를 추천했던 한 사람으로서 남다른 애정을 가지고 신일교회에서의 목회를 지켜보았습니다. 전통을 존중하면서도 성경적 교회관에 기초해 새로운 변화를 이끌어낸 점이 무척 인상적이었습니다. 지성과 인성 그리고 영성이 어우러진 저자의 목회 리더십은, 화려하지는 않지만 은은한 향기를 발하며 꾸준한 부흥과 성장을 가져왔습니다.

저자의 신일교회 목회 이야기는 성공 지상주의에 물든 이 시대에 정직하고 신선한 목회의 방향을 제시합니다. 제자훈련과 새생명축제 그리고 선교 사역 등 균형 잡힌 목회를 통해 성경적이고 건강한 교회, 성장하는 교회의 좋은 모델이 되었습니다. 그의 목회는 성경적인 교회가 건강하고 아름답게 성장한다는 공식을 그대로 증명해보입니다.

아무쪼록 이 책을 읽는 분마다 기초와 본질에 충실한 목회의 가치에 공감할 뿐만 아니라 미래의 한국 교회를 바로 세워가는 대열에 동참하게 되기를 간절히 소망합니다.

홍문수(신반포교회 담임목사)

신일교회는 누가 보더라도 제자훈련을 하기에 쉽지 않은 조건들에 둘러싸여 있던 교회였다. 바꾸기 어려운 전통, 지역적으로도 열악한 상황, 서민들이 많은 교회…. 그럼에도 불구하고 제자훈련의 열매가 맺힌 것은 사람들을 껴안고 사랑하고 섬기는 목회자의 넉넉한 리더십을 하나님이 기쁘게 받으시고 사용하셨기 때문일 것이다. 내가 교회를 방문할 때마다 체감하는 교회의 긍정적 변화는 제자훈련의 열정이 맺은 열매라고 생각한다.

저자를 처음 만난 것은 2000년도 즈음이었다. 만남을 이어오면서 그의 좋은 인품과 따뜻한 사랑을 느낄 수 있었다. 그렇다. 제자훈련의 열매는 저절로 얻어지는 것이 아니다. 먼저는 목회자 본인에게 주님의 제자가 되기 위한 노력과 철저한 섬김이 있어야 한다. 사랑과 아픔의 눈물 없이는 가능한 일이 아니다.

이 책을 통해 많은 목회자가 제자훈련에 대한 확신을 가지고 한국 교회를 살리는 사역에 힘을 보태게 될 것을 기대한다. 제자훈련을 하려는 목회자들, 특히 전통 교회를 섬기는 분에게 충실한 지침서의 역할을 하리라 확신하며 기쁨으로 추천한다.

배창돈 (평택대광교회 담임목사)

목사들이 모이면 "목회가 어렵다"라는 말을 자주 하곤 한다. 이 말의 핵심적인 의미는 사람들이 잘 변화되지 않는다는 뜻일 것이다. 사람들이 주님을 닮아 계속 변화된다면 이런 말이 나오지 않을 테니 말이다.

이권희 목사님이 안식년을 보낼 때 나는 신일교회에서 말씀을 전한 적이 있었다. 집회를 인도할 때마다 말씀을 사모함으로 받는 성도들의 성숙한 모습에 강사인 내가 오히려 크게 감동했고 무엇이 그들의 삶을 이렇게 바꾸었는지 무척 궁금했다. 이 책은 그 궁금증에 대한 답을 알려주고 있다.

나는 이 책을 읽으며 '한 사람'의 소중함을 다시 한 번 생각하게 되었다. 제자훈련을 받는 사람도 소중하지만 제자훈련을 시키는 한 사람의 소중함은 이루 말할 수 없다. 성공적인 제자훈련 사역을 보면 언제나 제자훈련의 가치와 비전에 먼저 눈을 뜨고 거기에 생명을 바친 한 사람의 사역자가 있기 때문이다.

저자는 그런 '한 사람'이다. 그러기에 당신이 성도를 주님 닮은 사람으로 세우기를 원하는 목회자라면, 그리고 주님을 닮겠다는 소원을 가진 그리스도인이라면 이 책을 꼭 읽어보라고 강력하게 추천한다.

김덕신 (수원제일성서침례교회 담임목사, 에스라성경연구원장)

신일교회를 처음 만난 것은 2004년 11월 중순이었습니다. 당시 저는 선교사 지망생으로 신대원 졸업반이었고, 파송 교회를 놓고 기도하고 있었습니다. 신일교회는 제가 면접을 보았던 세 교회 중 한 곳이었지만, 지역이나 교회 규모, 담임목사의 명망을 보더라도 솔직히 다른 교회들이 더 좋아 보였습니다. 그러나 저는 더 좋은 약속과 사역 환경, 솔깃한 제안을 뿌리치고 신일교회를 택했습니다. 그렇게 거절한 후에도 신일교회에서는 아직 연락이 없었습니다. 어찌 보면 저의 일방적인 짝사랑이었습니다. 하지만 그렇게 무작정 신일교회의 부름을 기다렸던 이유가 있었습니다.

면접을 보기 위해 교회를 방문했을 때였습니다. 약속한 시간보다 일찍 도착한 저는 1층 친교실에서 기다리고 있었습니다. 그날이 교회 김장을 하는 날이었는지, 권사님과 여집사님들이 분주하게 오가는 모습들이 보였습니다. 그런데 어느 한 분도 저를 이상하게 보거나 낯설어하지 않았습니다. 도리어 어떤 분은 자신이 먹으려던 귤을 전해주시면서 따뜻하게 인사를 하셨습니다. '아, 여기는 뭔가 생동감이 있다. 뭔가 사랑이 넘친다. 뭔가 따스함이 있구나. 이곳이다. 이곳에서 함께 사역하고 싶다….' 이 짧은 시간에 저는 신일교회에 사로잡혔습니다. 담임목사님과 면접을 하기도 전에 이미 마음으로 결정을 내린 것입니다.

2005년 12월 선교사로 파송받아 선교지로 가기 전까지 신일교회에서 짧은 기간 동안 사역하면서 제 마음에는 '존경'이라는 단어가 깊이 새겨졌습니다. 저는 신일교회 성도님들을 진심으로 존경합니다. 세상에서 여러 궂은일을 감당하는 와중에 하나님의 교회를 전심으로 섬기는 이분들의 헌신을 보면서 제 자신이 부끄러워질 때가 많았습니다. 전임 사역자인 저보다 더 복음에 사로잡혀 살아가는 모습을 매일 보았기 때문입니다. 이분들에게 부끄럽지 않기 위해 오늘도 선교지에서 나름

대로 최선을 다합니다.

무엇이 이들로 하여금 제자의 삶을 살게 했을까요? 이 책에는 그 답이 있습니다. 제자훈련에 자신을 드린 한 목회자를 통해 하나님이 어떤 일들을 행하시는지를 눈여겨보았으면 합니다. 복음에 사로잡힌 목회자의 헌신과 열정이 어떻게 성도들을 깨우고 변화시켜갔는지를 주목하시면 좋겠습니다. 어쩌면 이 안에서 한국 교회를 위한 희망의 불씨를 발견할 수 있을지도 모를 테니까요.

고신남 (목사, 키르기스스탄 선교사, 신일교회 파송)

제3부. 전도는 하나님의 소원

제4부. 교회의 미래는 여기에 있다

부흥을 잃어버린 시대,
하나님이 보여주신 가능성

나는 교회를 사랑한다. 태어나면서 바로 교회의 품에 안긴 이후 줄곧 교회 안에서 자라왔고 한 번도 교회를 멀리한 적이 없다. 어느 나라, 어느 지역을 가더라도 교회가 제일 먼저 눈에 들어온다. 일본에 갔을 때도 그랬다. 지하철역 구석구석까지도 휴지 하나 없는 깨끗하고 정갈한 그 나라에서 나는 오히려 영적인 기갈을 보았다. 방문한 동안 내가 만난 교회는 겨우 두 곳에 불과했다. 대한민국은 그런 면에서 축복받은 나라다. 가는 곳마다 십자가가 눈에 들어오고 다양한 교회를 만날 수 있다. 그런데 어느 때부터 이런 축복이 더 이상 복으로 여겨지지 않게 되었다.

로마에 있는 베드로 대성당의 중앙 회중석에는 라틴어로 이 말씀이 새겨져 있다. "시몬아, 시몬아, 보라 사탄이 너희를 밀 까부르듯 하려고 요구하였으나 그러나 내가 너를 위하여 네 믿음이 떨어지지 않기를 기도하였노니 너는 돌이킨 후에 네 형제를 굳게 하라"(눅 22:31-32). 베드로를 기념해서 지은 교회에 왜 베드로의 실패를 잊지 않게 하는 구절을 새겨놓았을까? 그때까지만 해도 베드로는 믿음이 충만했다. 자신이 넘쳤다. 하지만 그때가 베드로에게는 가장 위험하고 연약한 시간이었다. 주님은 "베드로야 정신을 차려라. 교회는 앞으로도 너처럼 계속 키질을 당할 것이다"라고 경고하신 것이다.

지금은 부흥을 잃어버린 시대다. 이제 부흥은 빛바랜 사진첩에 꽂혀 있는 옛 사진처럼 아련한 자취로만 남아 있는 것 같다. 한국 교회는 부흥과 성장의 시대를 지나 이제는 정체기 아니 쇠퇴기에 접어들었다는 말을 듣고 있다. 지금 한국 교회의 현실을 보면 정말 참담하기 이를 데 없다. 어떤 부분을 보더라도 위기다. 한국 교회를 고운 시선으로 보고 조금이라도 매력적인 구석을 찾으려는 사람을 만나기가 쉽지 않다.

곳곳에서 목회가 어렵다고 한다. 많은 목회자가 어떻게 목회를 해야 할지 몰라 방황하고 있다. 개척은 점점 어려워져서 몇 해 전에는 개척 성공률이 100개 중 하나라고 하더니 이제는 1,000개 중 하나로 줄었다는 말까지 나온다. 반면 기존 교회는 전통이라는 벽을 만나 옴짝달싹을 못 하고 있다. 프로그램은 많지만 열매는 없다. 괜찮은 프로그램을 도입하면 그럭저럭 굴러갈 것이라는 생각은 이제 통하지 않는다. 성도들의 피로감은 이미 극에 달했다. 그렇다면 어떻게 해야 하나?

역사적으로 볼 때 위기의 때에는 항상 새로운 기회가 숨어 있었다. 이런 신호들은 우리를 목회의 본질로 돌아가게 하려는 하나님의 신호가 아닐까? 그렇다면 목회의 본질이 무엇인가? 나는 그것이 '제자훈련 목회'라고 확신한다. 영혼을 구원하여 제자 삼는 이것, 한마디로 제자훈련이 대안이다. 왜냐하면 제자훈련 목회는 우리 주님이 하셨던 목회이기 때문이다. 제자훈련을 통해 영혼을 재생산하는 복음전도로 현재의 위기를 돌파해야 한다.

하지만 안타깝게도 한국 교회에서 제자훈련은 많은 손상을 입었다. 일각에서는 제자훈련이 실패했다는 이야기까지 나온다. 과연 제자훈련은 실패한 것인가? 아니다. 절대 그렇지 않다. 지금도 교회는 제자훈련으로 비상할 수 있다. 지금도 제자훈련과 복음전도 그리고 지역사회 섬김을 통해 부흥이 가능하다! 신일교회가 그 좋은 예다.

신일교회는 2016년으로 45년의 역사를 간직한 전통 교회다. 신일교회가 있는 서울의 금천구 독산동은 서민들이 많이 사는 지역이다. 보통 '1번 국도'로 알려진 시흥대로에서 안쪽으로 100미터 정도 들어와야 찾을 수 있는, '골목 안 100미터 교회'여서 잘 보이지도 않는다.

하지만 하나님은 이런 신일교회에 은혜를 주셨다. 2002년 장로들의 제자훈련으로 시작해서 성도 한 사람 한 사람이 예수님의 제자로 세워졌다. 그 결과 전통 교회가 달라지기 시작했다. 교회의 체질이 변화되었다. 제자가 된 평신도들은 섬김의 주체가 되어 교회는 질적으로 양적으로 성장하고 든든히 서가고 있다. 그렇게 변화된 성도들이 전하는 복음을 통해 활발한 재생산도 일어나는 중이다. 2001년 이후 지금까지, 매년 40~50명씩 꾸준히 성장해서 15년 전 300여 명이 출석하던 교회가 현재는 청장년만 1,100명 이상 모이고 있다.

신일교회 성장의 특징은 전통 교회에 제자훈련이 접목되면서 일어난 꾸준한 성장이라는 데에 있다. 이런 변화와 성장은 어떻게 가능했을까? 먼저는 모든 것이 하나님의 은혜임을 고백하고 싶다. 전적으로 하나님이 행하신 일이다. 좀 더 정확히 말하자면 하나님이 제자훈련 사역에 큰 은혜를 주셨기 때문이다. 제자훈련을 통해 진지하게 말씀을 배우고 그 말씀에 따라 살기로 한 '작은 예수들'이 일어났다. 그들이 바로 신일교회에 변화를 가져온 주인공들이다.

이 책에는 하나님이 제자훈련으로 전통 교회를 어떻게 빚으시고, 그 과정에서 교회는 어떻게 변화되며 성도들은 얼마나 행복해질 수 있는지 가능성을 실험한 이야기가 담겨 있다. 제자훈련 목회 철학의 가능성과 본질을 확신한 목회자와 그 성도들을 주님께서 어떻게 사용하셨는지에 대한 고백적 기록이다. 이 이야기의 주인공은 교회를 정말 사랑하셔서 하나밖에 없는 아들을 십자가에 내어주신 하나님이시다.

내가 이 책을 쓰게 된 계기가 있다. 2015년 3월에 신일교회 부흥회에 이찬수 목사님이 강사로 왔다. 사랑의교회에서 사역을 함께했던 동역자이자 개인적으로 존경하는 이 목사님과 누렸던 시간은 정말 즐겁고 유익했다. 대화는 자연히 목회와 한국 교회 이야기로 이어졌다. 그러면서 이 목사님이 나에게 한 가지를 제안했다. "목사님, 내가 신일교회에 와 보니 전통 교회의 밭을 일구어 열매를 맺은 모습이 정말 좋습니다. 혹시 신일교회 이야기를 책으로 엮으면 어떨까요?" 이게 책을 낼 만한 거리가 되겠느냐고 말하긴 했지만, 생각해보니 그동안 사역하면서 틈틈이 기록해놓은 원고가 있었다.

사실 신일교회는 유명한 교회도 아니고, 나 역시 유명한 목회자가 아니다. 하지만 나는 이 책을 통해 한 가지 사실을 확실하게 말하고 싶었다. 목회자가 딴전 피우지 않고 '주님 사랑, 교회 사랑, 영혼 사랑'의 뜨거운 마음으로 목양에 전념한다면 교회에는 분명히 변화가 일어난다는 점이 그것이다. 성도들도 행복해진다. 하나님이 일하시기 때문이다. 이 책은 바로 그런 이야기를 담고 있다.

나는 이 책이 평범한 사람들에게 희망과 용기를 주었으면 좋겠다. 부흥을 기대하기 힘든 시대라지만 '그래도 우리 교회에는 가능성이 있다'라는 실낱같은 소망을 가진 목회자와 평신도들이 비상할 수 있도록 돕는 역할을 했으면 좋겠다. 특히 목회를 준비하는 후배 목회자들이 '본질로 비상하는 건강한 교회, 성도들에게 희망이 되는 교회'를 세우는 데 한 줄기 빛이라도 줄 수 있기를 바라며 이 책을 썼다.

그렇다. 우리에게는 소망이 있다! 왜냐하면 주님이 교회를 정말 사랑하시기 때문이다. 나는 이 책을 하나님이 신일교회에서 제자들을 세우시고 그들을 통해 일하신 '은혜 행전'이라고 부르고 싶다.

목사님, 제자훈련이 정말 행복해요

이 글을 빌어 신일교회 전우덕 원로목사님과 장로님들 그리고 성도 한 분 한 분을 떠올리며 깊은 감사의 마음을 전하고 싶다. 부족한 담임목사를 믿고 따라준 교역자들에게 감사드린다. 이 책의 발간을 기꺼이 허락해준 국제제자훈련원의 박주성 목사님과 편집에 수고한 채대광 과장님에게도 감사한다. 마지막으로 양가 부모님(이상전 장로, 우선자 권사, 박해석 장로, 손영희 권사)과 24년간 나만을 사랑하고 노와주는 아내 박은실 사모 그리고 지민, 지윤, 재원에게 진실한 사랑을 전한다.

1부

내가 알던
그 신일교회가
아니네!

"이 목사, 만약 이 목사가 큰 교회 그리고
부유한 지역에 있는 교회에 부임한다고 했다면,
나는 허락하지 않았을 거야. 하지만 내가 들어보니
이 목사가 부임하려는 그 교회에는 지금 건강한 지도자가 필요해.
내가 이 목사를 아끼지만, 사랑의교회에만 묶어둘 수는 없겠어.
그 지역에 가서 성도들을 행복하게 만들어봐.
그 지역에 정말 필요한 건강한 교회를 만들어봐."

"이 목사,
성도들을 행복하게 해봐!"

"똑똑….'

2001년 4월 부활주일이 지나고 난 다음 주였다. 그때 나는 옥한흠 목사님이 계신 사무실의 문을 두드리고 있었다. 심장은 급격하게 빨라졌다. 사랑의교회에서 오랜 시간 사역한 선배 목회자들도 쉽게 담임목사를 뵙지 못하던 터라, 나 역시 부임한 지 1년이 지나도록 목사님과 개인적으로 대면한 적은 거의 없었다. 그런데도 옥 목사님을 뵈려 한 데는 다 이유가 있었다.

목사님은 나를 보자마자 "그래, 이 목사. 웬일인가?" 하고 물으셨다.

"네, 목사님. 드릴 말씀이 있습니다."

"뭔데? 말해봐."

"목사님, 제가 사임해야 할 것 같습니다."

"뭐, 사임?"

목사님은 어이가 없다는 표정으로 나를 보셨다. 그도 그럴 것이, 당시 사랑의교회에서 사역을 시작하면 적어도 6~7년은 이어가는 게 상식이었기 때문이다. 그런데 내가 1년 반 만에 사임한다고 하니 목사님도 황당할 수밖에. 더군다나 당시 나는 목사님의 최대 관심사였던 '국제제자훈련원'의 사역 코디네이터로 일하던 시절이었다.

목사님은 이유를 물으셨다. 내가 어떤 교회로부터 담임목사로 청빙받은 사실을 말씀드리자, 목사님은 약간 놀라시는 듯했다. 알고 보니 사랑의교회 역사상 부교역자 중에서 나처럼 빨리 청빙을 받은 경우가 거의 없었다. 목사님은 청빙받은 교회가 어느 교회인지, 어디에 있는지 물으셨다. 나는 "독산동에 있는 신일교회입니다"라고 말씀드렸다. 목사님은 내 대답을 듣고 잠시 생각에 잠기셨다. 국제제자훈련원에서 내가 본 목사님은 이렇게 뭔가를 골똘하게 생각하는 적이 많았다.

잠시 시간이 흘렀다.

기껏해야 몇 분이었을 그 시간이 내게는 몇 년, 아니 몇십 년만큼이나 길게 느껴졌다.

드디어 목사님이 입을 여셨다.

"이 목사, 만약 이 목사가 큰 교회 그리고 부유한 지역에 있는 교회에 부임한다고 했다면, 나는 허락하지 않았을 거야. 하지만 내가 들어보니 이 목사가 부임하려는 그 교회에는 지금 건강한 지도자가 필요해. 내가 이 목사를 아끼지만, 사랑의교회에만 묶어

둘 수는 없겠어. 그 지역에 가서 성도들을 행복하게 만들어봐. 그 지역에 정말 필요한 건강한 교회를 만들어봐."

하나님의 뜻을 확신하는 순간이었다.

아울러 목사님은 마치 친형님처럼 자상하고 친절하게 몇 가지 조언을 덧붙이셨다. 지금도 그때 목사님이 해주신 여러 말씀을 잊을 수 없다.

"이 목사, 부임하면 우선 상보들과 제자훈련을 하도록 해. 그분들과 제자훈련을 할 때는 어렵게 하지 말고, 제자훈련의 맛을 보고 수료할 수 있도록 해야 해."

마치 시집가기 전에 친정엄마의 지혜를 귀담아듣는 딸처럼, 나는 한마디도 놓치지 않기 위해 초긴장 속에서 경청했다.

"이 목사가 부임하는 교회는 전통 교회니까 부임하면 절대로 주보 한 장도 고치지 말고, 의자 한 줄도 건드리지 마. 성도들의 신뢰를 쌓은 후에 그렇게 해도 늦지 않아."

마지막으로 옥 목사님은 이렇게 말씀하셨다.

"건강 조심해야 해!"

그런 다음, 축복 기도를 해주시는데 마음이 뜨거워지고 눈에서는 연신 눈물이 났다. 옥 목사님은 평소 기도할 때에도 마음을 담아 간절히 기도하셨는데, 그때에는 특히 먼 길을 떠나보내는 자식을 향한 아버지의 마음을 느낄 수 있었다. 치열한 목회 현장에 젊은 목사를 보내는 스승의 노심초사하는 심정도 전해졌다. 되돌아 나오면서 다짐했다. '목사님의 당부처럼 정말 건강한 교회, 행복한 교회가 되도록 섬기겠습니다.' 그렇게 옥한흠 목사님의 격려를 받고 2001년 7월 1일, 나는 신일교회 3대 담임목사로 부임했다.

흔히 "전통 교회의 체질을 바꾸는 것보다 개척하는 게 차라리 쉽다"라는 말을 많이 한다. 물론 한국 교회의 미래를 위해서는 개척이 필수적이다. 하지만 개신교가 이 땅에서 복음 사역을 시작한 지도 130년이 지났다. 이제는 기존 교회, 즉 전통 교회에서 새로운 사역을 시작하고 거기서 꽃을 피우는 목회자도 많이 필요한 것이다. 하지만 지금 우리의 현실을 보면 전통 교회에서 제자훈련을 통해 연착륙하기가 결코 쉽지 않다. 과연 오늘날에도 목회 현장에서 고목생화(枯木生花)가 가능할까? 이것은 많은 사람에게 실로 진지하고 심각한 질문이다. 난 지금도 고목에서도 꽃이 피는 기적과도 같은 일이 분명 가능하다고 믿는다.

신일교회를 방문하는 분마다 다음과 같은 소감을 말한다.

"이런 외진 곳에 이렇게 좋은 교회가 있었는지 몰랐습니다."

"제가 알던 신일교회가 아니네요. 교회가 이렇게 바뀔 수 있다니 참 놀랍습니다."

"어떻게 청년들이 이렇게 많이 모이죠?"

"교인들의 표정이 정말 밝고 행복해 보이네요."

성도들도 모두 신앙생활에 만족하고 행복해한다. 이웃과 지역사회에도 조금씩 좋은 소문이 나고 있다. 주변의 비그리스도인들도 신일교회를 칭찬하고, 그들이 먼저 교회에 사람을 데려오기도 한다.

그렇다면 신일교회가 처음부터 이런 교회였을까? 아니다. 그간 많은 변화가 있었다. 신일교회는 확실히 달라졌다. 새롭게 된 것이 사실이다. 도대체 무엇이 신일교회를 이렇게 변화시켰을까?

골목 안 100미터 교회에서 일어난 변화

신일교회는 1971년 2월 14일 고 이석근 장로 외 23명이 모여 첫 예배를 드렸다. 초대 담임목회자로 전우덕 목사(당시 전도사)가 부임하여 기도와 말씀으로 목회하면서 온 마음으로 교회를 사랑하며 섬겼다. 신일교회의 현재는 이분들의 기도와 헌신으로 맺힌 열매다.

2001년, 내가 부임할 당시 신일교회는 역사가 30년이 되었고, 전형적인 전통 교회였다. 300여 명의 교인은 30년 동안 '미운 정고운 정'이 들었지만 서로의 마음은 갈라져 있었고, 교회 리더십 역시 갈등이 심했다. 결국 2대 목사는 이러한 분위기를 견디지 못하고 5년 만에 사임했다. 이 과정에서 교회는 다시 한 번 상처를 입었고 후임을 선정하는 과정에서도 진통을 겪었다. 이런 혼란기에 내가 청빙 되었는데, 그 상황에서 두 달여 만에 담임목사 청빙이 결정된 것은 지금 생각해도 기적이었다. 전적으로 하나님이 개입하신 결과였다.

처음에 제안을 받았을 때는 솔직히 청빙을 수락해야 할지 결단이 서지 않았다. 나는 한 달간 기도할 시간을 달라고 부탁했다. 그리고 아내와 함께 기도를 시작했다. 이 기간에 하나님의 뜻을 구했다. 당시 나는 매 주일 밤 사랑의교회 동료 목사들과 청계산에서 산 기도를 하고 있었다. 솔직히 고된 주일 사역을 마친 후 밤 9시에 산에 올라가서 기도하는 일은 쉽지 않았다. 너군나나 당시 나는 국제제자훈련원 사역을 하고 있었기에 월요일에도 쉬지 못하는 상황이었다. 하지만 청빙을 놓고 기도하면서 하나님이 주시는 말씀이 있었다.

먼저는 시편 126편 5~6절 말씀이었다. "눈물을 흘리며 씨를 뿌리는 자는 기쁨으로 거두리로다. 울며 씨를 뿌리러 나가는 자는 반드시 기쁨으로 그 곡식 단을 가지고 돌아오리로다." 나는 이 말씀을 붙들고 이렇게 기도했다. "하나님, 만약 제가 신일교회에 꼭 필요하다면 저는 씨를 뿌리겠습니다. 열매는 하나님의 때에 하나님이 거두게 해주세요."

결정적으로 고난주간 특별새벽기도회에서 아내는 기도하는 가운데 "주가 쓰시겠다 하라"(마 21:3)라는 말씀을 마음에 담고 하나님의 뜻에 순종하기로 결단했다. 단, 청빙 사실을 옥 목사님에게 말씀드린 후 목사님의 승낙 여부에 따라 하나님의 뜻으로 알고 따르기로 한 것이었다.

솔직히 당시 신일교회는 교회 성장학적인 측면에서만 보자면 '성장하는 것이 이상한' 환경에 놓여 있었다. 교회가 위치한 금천구 지역은 서울에 있는 25개 구 가운데 재정 자립도가 낮은 지역 중에 하나다. 교회에서 3~4킬로미터 떨어진 곳에는 과거 대한민국이 수출로 호황을 누리던 시절, 큰 역할을 담당했던 구로공단이 있다. 지금은 행정구역상 금천구에 속해 있지만, 과거에는 경기도 시흥시로 들어가 있었다. 그러다가 영등포구에서 구로구로, 또다시 금천구로 편입되었다. 이렇듯 서울과 경기도의 경계에 위치한 탓에 개발에서도 언제나 뒷전인 곳이었다.

신일교회 예배당은 '50미터 도로'라고 불리는 시흥대로에서 안쪽으로 100미터 들어간 곳에 있다. 도로변에서 보면 예배당 건물이 보이지 않는다. 강사들이 교회 근처까지 와서도 교회 건물을 찾지 못하는 경우가 가끔 있었다.

또한 최근까지 교회 주변에는 큰 아파트 단지가 없었고, 대부분 개인 주택이나 다세대 혹은 연립주택이었다. 교회 쪽 골목으로 들어오면 마치 2015년 인기리에 방영되었던 〈응답하라 1988〉의 배경이 될 만한 모습이 펼쳐진다. 다세대주택 건축이 성행하던 1980년대에 지어져 비슷한 외관을 한 주택들이 즐비하다. 이런 다세대 건물 안에는 평균 여섯 가구가 산다. 무엇보다 이 지역은 인구 유동이 심해 신혼부부 혹은 지방에서 올라온 분들이나 서울에서 집값이 상대적으로 저렴한 곳을 찾아 이사 온 분들이 많고, 요즘에는 중국 교포들도 눈에 많이 띈다.

한마디로 신일교회는 주로 서민들로 구성된 '서민 교회'다. 그러다 보니 성도 중에는 경제적으로 어려운 분들이 많은 편이다. 열악한 환경 속에서도 성도들의 마음은 순수하지만, 한편으로는 열등감과 패배주의로 가득 차 있었다. 솔직히 신일교회는 서울 변두리에 위치한 연약한 교회였다. 어떤 획기적인 변화나 활력을 기대하는 것이 힘들었다.

하지만 하나님께서는 신일교회에 큰 은혜를 부어주셨다. 지난 15년 동안 신일교회는 양적으로 질적으로 많이 성장했다. 수적으로도 3배 이상 성장했고, 내적으로도 성도들은 엄청나게 달라졌다. 복음 전하는 일에서는 어디에도 뒤서지 않는다는 자신삼노 생겼고, 무엇보다 생명력 있는 교회로 새로워졌다. 이 모든 것은 어떻게 가능했을까?

"아무것도 하지 말고 기도만 하세요"

　"담임목사는 목숨을 걸고 기도해야 합니다. 그렇지 않으면, 마귀의 공격에 속수무책으로 당할 수밖에 없습니다. 교회를 공격하는 마귀와 싸워서 아예 결판을 지어야 합니다. 그러면 사람들이 몰려오고 교회는 든든히 서게 됩니다."

　친구 목사가 보낸 메일에는 수영로교회의 정필도 목사님이 부교역자들을 대상으로 했던 강의가 들어 있었다. 한 교회를 개척하여 목회를 시작하고 목회를 마친, 산증인의 목회 철학과 통찰력 그리고 영감이 고스란히 배어 있는 내용이어서 요즘도 가끔 읽곤 한다.

　그분이 던진 첫 번째 질문은 "왜 목회가 잘 안 되는가?"이다. 이는 모든 목회자가 품고 있는 난제이기도 하다. 이에 대해 정 목사님은 명쾌한 답을 제시한다. 바로 마귀를 이기지 못하기 때문이다. 마귀는 우리의 상상을 훨씬 넘어서는 수준에서 집요하고 은밀하게 목회를 방해한다는 것이다. 그래서 모든 교역자에게 첫 번째로 부탁하고 싶은 것이 '강단 기도'라고 강조했다. 목회자가 교회에 부임하거나 새로운 사역을 시작하면, 적어도 3주는 그 교회 강단에서 특별 기도를 하라는 것이다. 강단에서 기도하며 말씀을 읽다가 하나님이 주시는 말씀으로 설교를 준비하고, 교회를 향한 하나님의 음성을 들으라는 권면이었다. 그렇게 3주 이상 강단에서 기도하면 목회자가 바뀌고, 그 모습을 보는 성도들도 바뀐다고 했다. 교회의 영적 흐름이 달라진다는 것이다.

정 목사님은 담임목사로 부임하는 후배 목사들에게 반드시 3주 동안은 이러한 '강단 특별기도'를 하라고 조언하신다.

강단 기도로 시작된 기도회

나 역시 신일교회에 부임하자마자 제일 먼저 한 것은 기도였다. 너무나 두려웠기 때문이었다. 서른여덟의 젊은 나이에 전통 교회의 담임목사로 부임한다는 사실은 나에게 엄청난 심적 부담으로 다가왔다. '과연 내가 담임목사로서 자격이 있는가?', '사역을 잘 감당할 수 있을까?' 등을 생각하면 밤잠이 오지 않았다. 하나님이 부어주시는 은혜가 아니었다면 이 부담감을 극복하기 힘들었을 것이다. 이런 두려움이 강단 기도로 이어졌다.

담임목사로 결정이 된 후 여러 선배 목회자의 조언을 구했다. 한번은 당시 강남교회를 담임하시던 송태근 목사님을 찾아갔다. 송 목사님은 친절하고 자상하게 자신의 경험을 나누어주셨다.

"이 목사님, 신일교회에 부임하시면 2주 정도는 아무것도 하지 말고 기도만 하세요." 송 목사님이 말씀하신 것이 바로 정 목사님이 강조하셨던 '강단 기도'였다는 사실을 나중에야 깨달았다.

나는 철야 기도는 하지 못했지만 2주 동안은 매일 강대상에서 기도했다. 낮에는 전화도 받지 않았다. 하나님과 독대하면서 신일교회를 이끌어갈 수 있는 지혜와 지도력을 주십사 간구했다. 성령의 능력을 구했다. 그 기간에 하나님은 내게 '전 교인 기도회를 하라'는 방향을 주셨다.

7월 1일에 부임해서 2주 동안 강단 기도를 드린 후, 3주째 되는 7월 16일 월요일부터 21일 토요일까지 매일 저녁 7시 30분에 '야베스 기도회'를 열었다. 사실 평일 저녁에 매일 기도회를 하는 것이 쉽지는 않았다. 그런데 놀라운 일이 벌어졌다. 일주일 내내 거의 모든 교인이 본당을 가득 채운 것이다. 내가 먼저 놀랐다. 그리고 성도들도 놀랐다. 장로님 한 분은 감격에 차서 이렇게 말했다. "목사님, 작년에 유명한 부흥강사가 왔을 때도 이렇게 많이 모이지는 않았습니다. 기적입니다." 그리고 하나님의 놀라운 은혜가 임했다. 하나님은 담임목사의 '강단 기도'와 전 교인이 모인 '야베스 기도회'를 통해 교회의 영적 분위기를 새롭게 하셨으며 서로가 한마음이 되게 하셨다.

처음부터 올바른 방향으로 목회를 인도하시려는 하나님의 놀라운 은혜를 느낄 수 있었다.

제자훈련,
전통 교회에 접붙이기

　　"전통 교회에 부임한 목회자가 제자훈련을 교회에 접
목하려 할 때 가장 중요한 것이 무엇입니까?" 이런 질문을 받으
면 나는 자신 있게 '신뢰'라고 답한다. 제자훈련을 시작하려면 반
드시 교인들의 신뢰를 얻어야 하기 때문이다. 이것은 영적 리더
십과 연관이 있다. 한마디로 목회자를 믿고 따를 수 있어야 하기
때문이다. 존 맥스웰(John Maxwell)은 "아무리 말을 잘하거나 선한
의도를 갖고 일하더라도 신뢰를 얻지 못하면 언젠가는 실패하고
만다"라고 했다.

　　신뢰를 쌓으려면 먼저 자기 자신이 성장해야 한다. 남을 성장
시키기 전에 먼저 스스로 성장해야 한다. 나에게 없는 것을 남에
게 줄 수는 없기 때문이다. 사람은 자신보다 못하다고 생각하는
사람을 절대 따르지 않는다.

　　제자훈련은 원래 그런 법이다. 남을 성장시키려면 먼저 자신이

성장해야 하고, 사람들은 그렇게 먼저 바로 선 리더를 비로소 신뢰한다. 신뢰는 제자훈련의 필수요소다.

제자훈련과의 운명적 만남

내가 제자훈련에 대해 처음 접하게 된 것은 신학대학원 시절이었다. 어느 해 여름방학 전에 태안염광교회에서 평신도 세미나를 개최한다는 광고를 보았다. 순간 마음속에 '제자훈련이 뭘까? 한번 가봐야겠다'라는 생각이 들었다. 모(母) 교회 대학부나 청년부 내에서도 소그룹 성경공부 정도가 있었을 뿐, 제자훈련은 들어본 기억이 없었다.

돌이켜보면 이것은 하나님의 은혜였다. 태안염광교회는 충남 태안에 있는 시골 교회였지만 제자훈련에 미친 김종천 담임목사의 열정으로 제자훈련 모델 교회로 유명했다. 그 시골에서도 성도들은 제자훈련반 시범에 참여했고 소그룹도 인도했다. 평신도들이 그리스도의 제자가 되어 교회를 섬기고, 담임목사를 도우며 '작은 목회자'로 사역하는 모습이 내게는 신선한 충격이었다.

무엇보다 가장 큰 유익은 이 세미나를 통해 옥한흠 목사님을 알게 된 점이었다. 김종천 목사는 강의마다 옥 목사님의 목회 철학과 제자훈련을 소개했다. 세미나에서는 지역 교회가 제자훈련을 통해 얼마나 건강하게 변화되는지, 또 하나님 나라가 평신도들을 통해 어떻게 세워지는지를 볼 수 있었다. 세미나 이후 옥 목사님의 저서를 읽으며 그분의 목회 철학을 접하게 되었고, 설교

테이프를 들으며 매 주일 말씀의 은혜를 받았다. 게다가 신대원 졸업반 시절 사랑의교회 출신 자매를 소개받아 결혼까지 했으니, 나는 제자훈련 덕분에 받은 은혜가 누구보다 큰 사람이라고 할 수 있다.

목사 안수를 받은 후에는 미국으로 유학을 갔다. LA 근교 오렌지카운티에 있는 탈봇 신학교에서 신약 석사(Th.M.) 과정을 공부했다. 알고 보니 《제자도 신학》(국제제자훈련원, 2015)으로 유명한 마이클 윌킨스(Michael Wilkins) 교수가 이 학교에서 신약을 가르치고 있었다. 하나님의 섭리였다고 생각하면서 나는 윌킨스 교수의 지도로 마태복음을 공부했다. 그러면서 제자도에 관한 심도 있는 연구를 하게 되었고, 석사 마지막 학기에는 A4 30매 분량의 소논문도 썼다.

유학을 마친 후 사랑의교회에서 교구 사역자로 섬기기 시작했는데, 어찌 된 일인지 교회 사역이 아니라 국제제자훈련원에서 일하게 되었다. 김명호, 김건우 목사와 함께 사역하면서 목회 로드맵을 그려볼 수 있었다. 동시에 제자훈련을 직접 경험하는 영광도 누렸다. 당시에는 강명옥 전도사를 중심으로 신임 교역자들이 제자훈련을 실습하곤 했는데 베테랑들이 직접 인도하는 소그룹 시간을 통해 제자훈련의 이론과 실제를 동시에 경험할 수 있었다. 또한 직접 교재를 예습하고 인도하기도 했다.

돌이켜보면 이 모든 시간은 주님이 나를 제자로 부르시고 또한 제자훈련하는 목회자로 훈련하신 은혜의 시간이었다. 하나님의 놀라운 섭리였다.

당회 기도회를 시작하다

목회 배경이 이러했기에 신일교회에 부임할 때 장로님들은 내가 이곳에서도 제자훈련 사역을 하리라는 것을 무언중에 알고 있었다. 하지만 나는 제자훈련을 무작정 도입하지는 않았다. 그분들에게 생소할 수밖에 없을 이 사역이 잘 정착되려면 여러 준비 과정이 필요함을 누구보다 잘 알고 있었다.

가장 중요한 것은 사람들의 마음속에 제자훈련에 대한 기대감을 심어주는 일이었다. 섣불리 제자훈련을 시작하는 것보다는 제자훈련이 무엇인지를 함께 공부하면서 비전을 공유하는 작업이 필요하다고 보았다. 이를 위해 나는 부임 후 6개월 동안 수요 기도회 후에 당회원들과 함께 《평신도를 깨운다》(국제제자훈련원)로 독서 모임을 시작했다.

또한 당회 전날 토요일에는 장로님들과 모여 당회를 위한 기도회를 열었다. 교회 현안과 함께 당회원들의 개인 기도제목을 나누고 함께 기도하는 시간이었다. 이 시간이 정말 좋았다. 30년 동안 한 교회를 섬겼지만 속내는 잘 드러내지 않았던 터라 서로의 속 깊은 사연은 사실 잘 몰랐다. 이 시간에 숨김없이 속내를 내놓고 기도를 부탁하면서 장로님들은 눈물을 흘렸다. 서로 사랑하고 이해하는 사이가 되었다. 간혹 교회에서 가까운 광림수도원, 갈멜산기도원에 가서 기도회를 하기도 했다. 그리고 기도회를 마친 다음에는 꼭 저녁 식사를 했다. 나부터 식사를 대접했다. 장로님들은 "목사님이 사주시는 식사를 먹어보네요" 하면서 즐거워하셨다. 그 뒤로는 당회원들이 차례로 식사를 사는 것이 전통이 되어 지금도 신일교회는 당회 전날이나 당일에는 꼭 이러한 식탁 교제를 한다.

이 기도회를 통해 하나님이 놀라운 은혜를 주셨다. 당회원의 마음이 하나가 되었다. '싸우는 당회'가 아니라 '연합하는 당회'로 달라졌다. 이제 신일교회의 당회는 화기애애하다. 물론 의견이 달라 갈등할 때도 있지만 결국에는 하나가 된다. 나 역시 지금까지 외부에서 단 한 번도 장로님 흉을 보거나 부정적으로 말한 적이 없다. 이것은 하나님의 놀라운 은혜라고 생각한다.

'당회 기도회'는 성공이었다. 교회의 문제점과 관련해 서로 의견을 나누면서, 나는 우리의 마음속에 건강한 교회를 만들고 싶은 열망이 있음을 보았다. 당회원들은 미래 목회 환경에서 교회가 제대로 역할을 감당하려면 제자훈련 목회가 꼭 필요한 것 같다며 확연하게 달라진 모습을 보였다.

장로들과의 제자훈련을 시작하다

6개월간의 독서 모임이 끝나는 날, 나는 조심스럽게 제안했다. "장로님들, 내년부터 제자훈련을 받으시면 어떨까요?" 민감한 반응이 나오면 어쩌나 하는 염려도 있었다. 그런데 웬걸, 장로님들은 흔쾌히 수락하셨다.

"좋습니다. 말로만 들어봤는데 한번 해보지요."

이렇게 해서 장로님들과의 제자훈련이 처음으로 시작되었다.

제자훈련을 시작하려는 목회자에게 있어 가장 큰 부담은 '장로 제자훈련'일 것이다. 제자훈련에 별 거부감이 없다 하더라도 갓 부임한 목사가 장로들에게 제자훈련을 제안하기란 쉬운 일이 아니다. 목사에게 제자훈련을 받으면 마치 '목사의 제자'라도 되는 것처럼 오해하는 경우가 많기 때문이다.

이런 이유로 안수집사나 서리집사들과 먼저 제자훈련을 하는 경우도 있다. 사실 제자훈련에 무슨 정해진 법이 있겠는가? 어떻게 하든 제자훈련으로 교회가 변화되고 건강해지면 그만 아닌가? 하지만 이런 생각은 재고할 필요가 있다. 장로들과 먼저 제자훈련을 하지 않으면 제자훈련이 잘돼도 문제이고, 안 돼도 문제이기 때문이다.

이유는 이렇다. 목회자가 교인들에게 신뢰를 얻지 못하면 목회가 어려워진다. 특히 당회의 신뢰는 매우 중요한 문제다. 제자훈련이 아무리 좋아도 장로들이 제자훈련을 받지 않으면 소위 '안티 세력'이 될 가능성이 있다. 교회에서 장로 한 분의 영향력은 참으로 대단하다. 장로교 헌법에 따르면, 세례 교인 스물다섯 명당 장로 한 명을 선출할 수 있다. 다시 말해서 한 명의 장로는 적어도 스물다섯 명의 지지자를 두고 있는 셈이다.

장로인 자신은 제자훈련 경험이 없는데 평신도들이 좋다고 하면 마음에 시샘이 인다. 반대로 제자훈련이 안 되면 '그것 봐라. 그래서 우리가 제자훈련을 하지 않은 거야'라고 생각할 수 있다. 그렇지만 장로들이 먼저 제자훈련을 받으면 이것이 얼마나 성경적이고 건전한지, 얼마나 좋은지를 본인이 먼저 깨닫는다.

변화된 한 사람이 최고의 홍보대사

장로가 변화되면 가장 든든한 제자훈련 '홍보대사'가 된다. 일반적으로 한국 교회에서는 장로님들이 변화되면 교회에 큰 영향력을 미친다. 특히 그분들의 아내를 통해 나오는 좋은 소문은 급속도로 교회에 퍼진다. 장로님이 변화되면 누가 제일 좋아하겠는가? 본인보다 아내와 가족이 더 신나는 법이다. 그분들도 자연스럽게 제자훈련 홍보대사가 된다.

신일교회는 2002년 2월부터 장로 제자훈련반을 시작했다. 그때만 해도 제자반을 강도 높게 인도하지 않았다. 성구 암송과 교재 예습 그리고 생활 숙제 정도였다. 어떻게 해서든 1기 훈련생들의 입에서 '제자훈련, 해보니 정말 좋았다'라는 말이 나오게 하고 싶었다.

장로님들은 연세가 꽤 있었지만 성구 암송을 잘해오셨다. 어떤 분은 영어로도 암송하셨다. 무엇보다 큰 반향을 가져온 것은 '생활 숙제'였다. 아내 안아주기, 설거지하기, 아내에게 사랑한다고 고백하기, 가정예배 드리기 등의 작은 과제들을 즐거운 마음으로 실천하셨다.

한 장로님은 이렇게 고백했다. "저희 세대의 남자들은 집에서 거의 꼼짝하지 않는 것이 대부분이지요. 저 역시 마찬가지였는데, 생활 숙제 때문에 집에서 설거지 같은 것도 해보면서 제가 그동안 얼마나 섬김을 받는 것에만 익숙했는가를 알게 됐습니다. 설거지 하나만 해줘도 아내가 그렇게 고마워하는 모습을 보면서,

섬기는 일이 얼마나 귀한지를 몸소 체험했지요. 생활 숙제를 통해서 진정한 그리스도인은 어떻게 살아야 하는지에 비로소 눈을 조금 떴습니다."

자연히 가정에는 웃음꽃이 피기 시작했다. 아내도 남편의 변화를 지켜보며 기뻐했다. "우리 남편이 제자훈련을 받더니 변화되었어요"와 같은 고백들이 모여서 신선한 바람을 일으켰다. 이런 감동 어린 변화는 2기 제자훈련을 위한 자연스러운 홍보가 되었다. 시작 전부터 이런 분위기라면 제자훈련은 이미 성공한 것이나 다름없다.

신일교회의 시무 장로 열 분은 모두 제자훈련을 수료한 후 지금은 목장(신일교회에서는 소그룹 모임을 '목장'이라고 부른다)을 섬긴다.

하나님 나라 동역자로 우뚝 서다

목사 혼자 목회하고 장로가 목사를 견제하는 시스템은 목회 현장에서 사라져야 할 구습이다. 제자훈련에는 이런 긴장과 갈등 관계를 동역과 협력의 관계로 바꾸는 특별한 힘이 있다. 함께하면 목회가 즐겁다. 함께해야 교회가 건강해지고 모두 행복하다.

당회원들이 제자훈련을 받으면서 권사님들에 대한 고민도 생겼다. 시무권사의 수가 적지 않았기 때문이다. 마침 부목사였던 오치영 목사가 선교 단체 출신인 데다 청년부 제자훈련을 해본 경험이 있어서 대신 훈련을 맡겼다. 이렇듯 담임목사가 상황이 안 되면, 제자훈련 경험이 있는 부교역자가 대신할 수도 있다. 감사하게도 오치영 목사가 권사 제자훈련반을 잘 이끌어주었다.

제자훈련은 말 그대로 훈련이다. 평신도를 목회의 동역자로 세우는 일이다. 양육과 다르다. 양육이 영적으로 키우는 과정이라면, 훈련은 한 사람을 그리스도의 제자로 만들고 그도 또한 다른 제자를 세울 수 있도록 평신도 지도자로 구비시키는 일이다. 양육이 성도를 온전케 하는 것이라면, 훈련은 그렇게 온전케 된 자들이 또 다른 제자를 세울 수 있도록 하는 것이다(엡 4:12-13). 그런 의미에서 양육은 성장과 성숙이 목표이고, 훈련은 재생산이 목표다.

솔직히 신일교회에 자랑스럽게 내보일 만한 양육과 훈련의 열매가 아주 풍성하다고는 말하기가 힘들다. 하지만 제자훈련을 통해 나름의 열매가 지속해서 나타나고 있다. 제자훈련반은 2016년까지 286명이 수료할 예정이다. 새가족 성경공부는 2001년부터 지금까지 100기 1,212명(2016년 8월)이, 양육반은 7기 102명이 수료했다. 이들은 모두 주님의 몸 된 교회의 목회 동지요 하나님의 뜻을 이루어가는 동역자로 귀하게 쓰임받고 있다.

"이렇게 좋은. 제자훈련을 왜 안 하지?"

"하나님의 교회를 긍정적으로 보는 사람은 제자훈련을 할 수 있습니다. 순종하는 제자를 만들기 위해 제자훈련을 해야 합니다."

수년 전 교회갱신협의회(교갱협) 수련회에서 옥한흠 목사님은 폐회예배 설교를 통해 이렇게 이례적인 부탁을 하셨다. 아니, 그것은 간절한 호소였다. 그 자리에 모인 교갱협 회원들에게 제자훈련 목회를 하라고 외친 것이다.

왜 전통 교회에서 제자훈련하는 것이 힘들게 느껴질까? 제자훈련 목회를 해보면 알겠지만, 지도자에게 장기적인 안목이 없다면 불가능하기 때문이다. 최소한의 비용으로 최대한의 이익을 창출하는 것이 경제 논리라면, 제자훈련 목회는 겉으로만 보면 지극히 비경제적인 것처럼 보인다. 그러므로 제자훈련의 첫 번째 장애물은 목회자 자신이다.

목사님, 제자훈련이 정말 행복해요

제자훈련 목회를 하면 솔직히 몸은 고단하다. 몇 년 전 연구년으로 훈련을 쉬게 되자, 사실 정말 편했다. 우선 평일 저녁이 보장되었다. 하지만 그것도 잠시, 성도들과 말씀으로 씨름하지 않으니 왠지 마음 한구석이 텅 빈 것 같았다. 육체는 편할지 몰라도 영혼은 결코 편하지 않았다. 제자훈련이 나 자신과 공동체에 얼마나 큰 복인지를 다시금 깨닫는 시간이었다.

'제자훈련은 교회 성장에 도움이 된다'라고 그냥 막연하게만 생각하는 목회자가 많다. 물론 이 말 자체는 맞다. 하지만 목회자 본인이 먼저 제자가 되어야 한다. 제자훈련은 그렇게 먼저 제자가 된 사람이 다른 제자를 세우는 과정이기 때문이다. 목사가 제자로 살아가면 성도들도 자연히 제자의 삶을 사모한다. 성도들은 지도자를 닮기 때문이다. 목회자가 먼저 제자가 되고 평신도들이 거기에 참여함으로써, 교회의 체질은 건강해진다.

또한 제자훈련에는 목회자의 타락을 막아주는 면역력이 있다. 교인들이 모든 순간마다 목회자를 주목하고 그의 삶을 주시하고 있기 때문에 거룩한 부담감이 생긴다. 이런 의미에서 제자훈련은 목사를 진정으로 목사 되게 하는 최고의 복이라 할 수 있다.

장로들이 먼저 변화된다

2002년 2월, 드디어 장로 제자훈련반이 시작되었다. 당시 장로님들의 참여도와 열기는 정말 놀라웠다. "장로반은 너무 세게 훈련하지 말고, 제자훈련에 반대만 하지 않도록 해라"라고 한 옥한흠 목사님의 조언을 염두에 두고 강도를 높이지는 않았다. 성구 암송과 교재 예습, 생활 숙제가 전부였다. 장로님들은 연세가 있었지만 최선을 다하셨다. 그분들의 호응으로 당시 400여 명의 출석 성도들에게 금세 좋은 소문이 퍼져나갔고, 교회에는 신선한 바람이 불었다.

그 가운데 장로님 한 분을 소개하고 싶다. 신일교회에서 소위 '법통'으로 통하는 분이 계셨다. 당회 전에 헌법을 한 장씩 읽도록 한, 웃지 못할 사연의 주인공이기도 하다. 매사에 따지기를 좋아하고 법을 강조하던 분이 신기하게도 제자훈련을 하면서 열심을 내셨다. 특히 성경 암송에 열정을 보이셨다. 예습도 잘해오셨다. 제자훈련이 즐겁다고 하셨다. 그러면서 장로님의 얼굴이 변화되기 시작했다. 얼굴에 웃음이 생긴 것이다. 하나님은 그의 남모를 상처까지도 조금씩 치료하기 시작하셨다.

한번은 예배 후 악수를 하는데 연배로는 아버님 같은 그분이 "목사님, 사랑합니다"라고 말하며 나를 안아주시는 게 아닌가! 순간 감동의 눈물을 흘리지 않을 수 없었다. '사람이 이렇게 변화될 수도 있구나!' 그 후 장로님은 항상 웃고 감사하는 모습으로 바뀌었다.

그분의 변화에 성도들도 모두 놀랐다. 그러면서 교회 분위기가 새로워지기 시작했다. 무엇보다도 제자훈련에 대한 기대감이 커졌고, 내가 어떤 일을 제안하면 성도들도 적극적으로 동참하고 힘을 실어주었다.

말씀을 온몸으로 경험하는 은혜가 임한다

제자훈련은 훈련생 개개인을 변화시킨다. 이것이야말로 제자훈련이 가진 놀라운 힘이다. 사람들에게 나타나는 변화를 요약하면 다음과 같다.

첫째로, 하나님을 구체적으로 알게 된다. 지금까지는 하나님을 막연하게 믿었다면, 이제는 확실히 알게 된다. "우리가 다 하나님의 아들을 믿는 것과 아는 일에 하나가 되어 온전한 사람을 이루어 그리스도의 장성한 분량이 충만한 데까지 이르리니"(엡 4:13). 이 말씀처럼 그리스도를 믿고 아는 일에서 꾸준히 성장한다.

"붙잡은 말씀대로 살게 되었습니다", "어떤 상황에서도 하나님의 함께하심을 믿으며 평안을 누립니다", "마음을 집중해 주님을 묵상할 수 있었습니다", "기도와 말씀이 삶이 되었습니다" 등등 풍성한 간증이 이어지고 있다.

둘째로, 가정이 변화된다. 제자훈련을 하면서 먼저는 가정에서 변화된 모습을 보여주라고 강조했다. 가정에서의 모습이 진짜다. 가정에서는 가면을 벗기 때문이다. 특히 생활 숙제를 통해 가정에서 섬김과 사랑을 실천하도록 했다.

어린 시절부터 줄곧 친정 부모와 34년간 떨어져 살았던 A 집사는 부모에 대한 원망이 깊었다. 친척집 등을 전전하며 살았던 그에게는 부모가 자신을 외면했다는 상처가 남아 있었다. 후에 어머니가 화해를 청했지만, 대꾸도 하지 않았다. 용서하고 싶지 않아서였다.

그는 제자훈련을 받으면서 '용서'라는 생활 숙제를 직면해야만 했다. 그동안의 훈련을 통해 많이 변화되었지만, 이것만큼은 여전히 힘든 문제였다. 그러나 순종하겠다고 굳게 결심하고 부모를 찾았다. 친정에 들어서자 식구들이 그를 맞이하기 위해 여러 준비를 하고 있었고, 그걸 본 순간 마음이 녹으며 펑펑 눈물만 나왔다고 한다. 결국 부모와 화해한 A 집사는 그분들을 대각성 전도 집회에 초대했다.

그 전에 남편과의 관계도 사랑 표현하기, 안마해주기 등의 생활 숙제를 통해 많이 회복되었다. 워낙 무뚝뚝한 성격이라 남편에게 '사랑한다'는 말조차 하지 못했던 그에게는 얼마나 부담스러운 일이었던지…. 하지만 남편의 어깨를 주물러주며 가까스로 사랑한다고 말할 때의 순간은 잊혀지지 않는다. 지나치게 시간을 뺏긴다며 제자훈련을 반대했던 남편도 이제는 싱글벙글 웃으며 "계속 훈련을 받았으면 좋겠다"라고 할 정도가 되었다. 점차 달라지는 아내의 모습을 보며 믿지 않던 남편도 교회로 발걸음을 했다.

훈련생들은 대부분 이런 반응을 보인다. "부부간에 섬김의 은혜가 커졌습니다", "가정에 평안함이 왔습니다", "천국 같은 가정이 되었습니다", "남편에게 순종하게 되었습니다", "하나님이 아니라고 하시면 아무것도 아님을 알았습니다", "남편과 자녀들을 내려놓게 되었습니다" 등등. 훈련생이 먼저 가정에서 변화된 모습을 보여주었기 때문에 이런 고백이 가능했다고 생각한다.

셋째로, 섬기게 된다. 제자도란 무엇인가? 전적 위탁, 섬김, 증

목사님, 제자훈련이 정말 행복해요

인 됨이 아닌가? 그중에서 섬김이야말로 제자도의 꽃이라고 할 수 있다. 제자훈련을 받으면 섬기게 된다. 섬기는 일이 즐거워진다. 제자훈련을 받으면 주님을 닮아 점차 섬김에 익숙해진다. 신일교회도 이런 면에서 아직은 부족하지만, 초창기에 비하면 많이 달라졌다.

내적인 치유가 시작된다

제자훈련을 하다 보면 내적 치유의 장도 열린다. 예수님이 가르치고 선포하실 때에 치유도 함께 일어났다. 복음이 전파되는 곳에서 치유도 함께 일어났다. 실제로 제자훈련을 통해 내적인 문제가 해결되는 경우를 많이 보았다.

인간의 상처는 크게 보면 두 가지로 구분할 수 있다. 하나는 마땅히 받아야 할 것을 받지 못해 생긴 상처다. 어린 시절 부모와 형제에게서 사랑받지 못하고 성장한 사람일수록 상처가 많다. 인정이나 칭찬 그리고 기대를 받지 못한 경우도 그렇다.

다른 하나는 마땅히 받지 말아야 할 것을 받은 경우다. 어릴 때 누군가로부터 학대나 심한 모욕, 비난 혹은 거절을 경험한 사람일수록 상처가 깊다. 그중에서도 말을 통해 상처받은 경우가 많은 것 같다. 이처럼 인간의 상처는 대부분 다른 사람과의 관계에서 생겨난다.

그렇다면 이 상처를 어떻게 치유할 수 있을까? 아이러니하지만 사람에게서 받은 상처는 다시 사람을 통해 치유해야 한다. 철이 철을 날카롭게 하는 것처럼 인간의 내면을 치유하는 것도 관계다. 그중에서도 제자훈련이라는 소그룹 환경은 치유를 위한 훌륭한 장이다. 1년 동안 소수의 사람이 만나 매주 네 시간 이상 함께, 그것도 말씀과 더불어 시간을 보낸다는 것은 정말 놀라운 일이다.

시간이 지나면서 훈련생들은 조금씩 자신의 아픔과 문제를 내어놓는다. 조심스럽게 상처도 드러낸다. 서로를 신뢰하기 때문이다. 이때부터 영적 소통이 시작되고 상처가 치유된다.

정해진 훈련 시간만 그런 게 아니다. 함께 밥을 먹고 차를 마시면서 또한 치유가 일어난다. 주중에는 전화로 서로의 안부를 묻는다. 훈련 시간에 차마 꺼내지 못한 개인적인 이야기도 나눈다. 이것이 간접적인 치유가 된다.

여기에서 반드시 주지시켜야 하는 사실이 있다. 제자반에서 내어놓은 각자의 문제는 절대 밖으로 새어나가서는 안 된다. 이것은 너무도 중요한 약속이다. 간혹 제자반에서 나누었던 이야기가 성도들의 입에 오르내리다가 당사자에게 들어가는 경우가 있다. 이럴 때 사람들은 다시는 마음을 열지 않는다. 이런 일은 비밀 엄수를 확답받아야 한다.

제자훈련을 열심히 한다고 해서 모든 상처가 치유되는 건 아니다. 1년 정도 훈련을 받은 뒤에 문제나 상처가 모두 치유된다면, 아마 전 세계의 모든 교회가 제자훈련을 하고 있을 것이다. 안타깝게도 훈련 이후에도 상처가 아물지 않는 경우가 있다. 그럴 때는 억지로 풀려 하지 말고 남겨놓아야 한다. 그리고 성령께 지속해서 도움을 구해야 한다.

한번은 제자반에서 B 집사가 몇 해 전에 외도한 사실을 고백했다. 순간 훈련생들은 충격을 받았다. 나도 마찬가지였다. 하지만 우리도 평소 마음의 죄뿐 아니라 실제로 얼마든지 그런 죄를 범할 수 있는 연약한 사람들임을 인정하면서 눈물로 함께 회개하는 시간을 가졌다.

얼마나 아름다운 시간이었는지 상상해보라. 어떻게 이런 일이 가능할까? 예수 그리스도의 십자가 능력을 믿기 때문이다. 이처럼 제자훈련은 훈련생들의 삶에 빛을 비춘다. 그리고 예수님은 그런 우리의 상처를 치유하신다.

사실 모든 상처의 뿌리에는 죄가 있다. 결국 내적 치유는 영적 치유가 되어야 하는 까닭이 여기에 있다. 제자훈련을 하다 보면 자신의 문제를 내어놓는데, 과거에 예수를 제대로 알지 못했을 때 지은 잘못으로 인해, 혹은 과거의 상처가 드러날 때 죄책감에 시달릴 수 있다. 훈련을 받으면서도 여전히 습관적으로 짓는 죄 문제로 인해 갈등하기도 한다. 이때 지도자는 복음의 핵심을 분명히 가르쳐주어야 한다.

"그가 우리를 흑암의 권세에서 건져내사 그의 사랑의 아들의 나라로 옮기셨으니 그 아들 안에서 우리가 속량 곧 죄 사함을 얻었도다"(골 1:13-14).

제자훈련은 한마디로 죄를 죽이는 훈련이다. 이런 죄 문제를 어떻게 해결할 수 있을까? 그 비결은 기도에 있다. 제자훈련을 하면서 기도가 부족하면 성공하기 어렵다. 훈련에서 깨닫게 된 자신의 죄성(罪性)을 내어놓고 기도하면 실제로 성령님의 만져주심을 체험하는 경우가 많다.

내적 치유 없는 제자훈련은 내면의 변화 없이 머리만 커지게 하고 더 심한 율법주의자가 되게 한다. 반면 제자훈련 없는 내적 치유는 일시적인 미봉책에 불과하다. 그러기에 제자훈련과 내적 치유는 같이 가야 한다. 훈련을 통해 치유되고, 치유를 통해 예수를 닮은 성숙한 제자가 될 수 있다.

잘 키운 제자 한 명을 통해 희망을 본다

미국 시카고 대학의 라구람 라잔(Raghuram Rajan) 교수는 한 일간지와의 인터뷰에서 한국의 미래와 관련해 이런 조언을 했다.

"한국이 선택할 수 있는 유일한 길은 인적 자본의 품질을 지속해서 높이는 것이다. 한국은 더 이상 값싼 노동력을 활용하는 전략을 취할 수 없다. 지금까지 한국은 일본이 하고 있던 산업을 낚아채는 방식으로 경제를 성장시켜왔지만, 이제는 다른 나라들이 한국이 하는 산업을 낚아채고 있기 때문이다. 우수한 인적 자본을 통해 제조업 경제를 넘어 서비스 경제로 가야 한다."

이 글을 읽으며 나는 무릎을 쳤다. '바로 이거야! 교회에도 이런 원리를 적용할 필요가 있어. 중소형 교회는 대형 교회의 프로그램이나 백화점식 목회를 지향하기보다는, 제자훈련으로 품격 있는 주님의 제자를 세우는 방향으로 가야 해. 그것이 블루오션이 될 수 있어. 그렇게 되면 그 한 사람이 희망이 되고 미래가 될 수 있을 거야'라는 생각이 들었다. 한국 교회가 살길은 '한 사람을 온전한 제자로 세우는 제자훈련 목회'에 있음을 새삼 깨달았다.

낮은 데로 고이는
하나님의 은혜

　얼마 전에 한 교역자 모임을 통해 횡성에서 목회하시는 목사님 한 분을 만났다. 자신이 섬기는 교회가 우리나라에서 가장 '높은 곳'에 있을 것이라고 하셨는데, 교인은 열다섯 명이라고 했다. 그마저도 할아버지 할머니가 전부였다.

　하루는 이분에게 염려 아닌 염려가 생겼다. '앞으로 10년, 15년 후 과연 이들 중 누가 남아 있을까? 시간이 지나면 교회도 없어질 텐데, 나는 어떻게 해야 하나?' 하는 고민이었다. 궁리한 끝에 땅 천 평을 사들여 고랭지 채소를 심고 농사를 지어보기도 했지만, 새벽 두 시까지 계속되는 농사일에 몸만 지치고 말았다. 그래서 이제는 목회에만 전념하고 있다고 했다.

　그분의 말씀을 들으면서 눈물이 났다. 신일교회 부임 후 어느덧 나는 더 좋은 환경, 더 큰 교회, 더 훌륭하고 유명한 교회를 선망의 눈으로 보고 있었다. 눈은 자꾸만 더 높은 곳으로 향했다. 이런 마음이 들 때마다 "주님, 주님이라면 어떻게 하셨을까요?"라고 질문했다. 그럴 때마다 '주님을 따르기에 이렇게 좋은 교회, 이렇게 좋은 환경이 어디 있단 말인가!'라는 생각이 들어 자유로워질 수 있었다.

내려갈 때 보았네
올라간 때 보지 못한
그 꽃.

고은 시인의 〈그 꽃〉이라는 시는 단 아홉 단어로 되어 있지만, 그 울림은 상상 이상이다.

인간은 누구나 위를 올려다보며 산다. 하지만 나보다 높은 곳에 있는 사람이나 지점을 바라볼 때면 늘 피곤하다. 감사하기 쉽지 않다. 반면 나보다 낮은 위치에 있는 사람이나 공동체를 보면 한없이 겸손해진다. 감사가 나온다.

그렇다. 올라갈 때 볼 수 없었던 그 꽃은 내려갈 때가 되어서야 비로소 눈에 띈다. 우리는 어떻게 하면 내려가는 삶을 살 수 있을까? 바로 섬김을 통해 가능하다.

오늘날 개신교는 사회적으로 환영받기는커녕 냉대와 질타의 대상이 되었다. 종교 선호도 조사에서는 지난 20년 동안 줄곧 3위에 머물러 있다. 조사 대상 세 개 중 3위이기에 계속 꼴찌다. 원인이 무엇일까? 그중 하나는 기독교가 낮은 자리를 버리고 너무 높은 곳에 있기 때문이라고 생각한다.

지역사회를 섬기는 교회

오늘날 한국 교회는 초심을 잃고 높은 곳에 마음이 가 있다. 목사들은 더 좋은 목회지로 가기 위해 경쟁한다. 사례비가 더 많고, 존경받고, 인기 있는 곳을 찾는다. 교회 성장에 혈안이 되어 있다. 한국 교회의 목회자들은 대형 교회 목회자와 대형 교회를 꿈꾸는 목회자, 이렇게 둘로 나뉜다는 자조적인 이야기도 들린다. 사실 나도 그런 사람 중 하나였다. 하지만 제자훈련은 이런 나의 허영심에 브레이크와 같은 역할을 했다.

성도들이 그런 목회자에게 무엇을 배울 수 있겠는가? 기독교를 마치 '나의 성공을 돕는 종교' 정도로 착각하며 살지 않겠는가? 기독교가 가진 자의 편에만 선다는 비난도 우리가 자초한 일이라고 할 수 있다. 한국의 개신교에 부족한 것이 있다면 바로 '사회적 제자도'라고 생각한다.

이렇게 말하는 나도 솔직히 앞만 보면서 목회한 적이 많다. 신일교회 역시 여전히 사회적 제자도가 약한 것이 사실이다. 하지만 하나님의 은혜로 조금씩 지역을 섬기고 있다. 신일교회는 받은 은혜와 축복을 지역사회와 주민들을 위해 나눌 수 있는 부분을 적극적으로 찾고 있다. 예배당을 리모델링하면서 본당보다 지역사회를 위한 공간에 투자를 집중한 것도 그런 이유에서였다.

2005년 교회 증축공사를 하는데 계산해보니 150평 정도를 넓힐 수 있었다. 이에 따라 본당을 확장하고 한 층을 더 올릴 계획이었다. 그런데 공사를 하면서 신일교회만을 위해서 공간을 넓히

기보다 지역을 위한 지경도 함께 넓혔으면 하는 바람이 생겼다. 이 과정에서 하나님이 마음을 주신 것이 바로 '어린이 도서관'이었다. 당시만 해도 지역에서 어린이 도서관을 찾기가 쉽지 않았다. 교회와 지역의 다음 세대를 지도자로 세우는 일에는 다양한 양서가 필요하다고 보았다. 아이들에게 책을 보는 습관을 길러주고 즐겁게 시간을 보낼 수 있도록 하면 어릴 때부터 세상과 인생을 보는 새로운 시각을 갖게 되리라고 생각했다.

이 비전을 갖고 기도하면서 교회 1층에 있는 20평 남짓의 공간을 어린이 도서관으로 꾸몄다. 처음 시작할 때는 미약했다. 책을 사기도 하고 기증도 받고 하면서 4,000여 권으로 시작했다. 이름은 '지혜의 숲 어린이 도서관'이라고 지었다. 그렇게 시작한 '지혜의 숲'은 성도들이 주축이 된 자원봉사자들의 헌신으로 지금까지 활발하게 운영되고 있다. 설립 10년이 지난 지금은 장서가 1만 권이 넘어섰고, 매월 600명 이상이 꾸준히 이용하고 있다.

고무적인 현상은 어린이들이 책을 읽게 되었을 뿐 아니라, 성인 독서 동아리도 세 개나 시작됐다는 점이다. 좋은 프로그램도 여럿 생겼다. 초등 논술, 유아 책놀이, 초등 놀이 수학, 유아 영어, 초등 영어, 성인 논술 자격증반, 역사 논술반 등을 개설해서 활발하게 운영하고 있다. 방학 기간에는 특강도 한다. 또한 학부모를 위한 '저자와의 만남' 시간도 갖고 있다. 도서관 특별 프로그램의 반응이 좋아 금천구도 인정하는 모범 도서관이 되어 구청의 협조와 관심도 늘었다. 프로그램에 대기자가 생길 정도로 만족도와 신뢰도가 높다. 이 모든 사역을 평신도 지도자들 혹은 그 분야에 은사가 있거나 경험이 있는 사람들의 자원봉사로 운영하고 있다. 교회에서 세운 도서관이라는 사실에 대한 부담감은 점차 줄어들고 지역사회를 향한 신일교회의 섬김에 대해 이용자들이 고마워하고 있다.

이처럼 부족하나마 낮은 곳으로 향하기 위해 분투하고 있다. 사교육비 부담으로 한숨을 내쉬는 지역 주민들을 위해 방과 후 학교를 운영하는 것이나 장서를 꾸준히 늘려 강남에 있는 도서관과 비교해도 뒤떨어지지 않을 정도로 세련된 어린이 도서관을 만든 것도 같은 이유다.

주님은 자신이 세상에 오신 목적을 다음과 같이 분명하게 밝히셨다.

"주의 성령이 내게 임하셨으니 이는 가난한 자에게 복음을 전하게 하시려고 내게 기름을 부으시고 나를 보내사 포로 된 자에게 자유를, 눈 먼 자에게 다시 보게 함을 전파하며 눌린 자를 자유롭게 하고 주의 은혜의 해를 전파하게 하려 하심이라 하였더라"(눅 4:18-19).

예수님은 사로잡힌 자에게 자유를 주고자 오셨다. 눈먼 자에게 다시 보게 함을 전파하며, 눌린 자를 자유롭게 하려고 오셨다. 바로 이 은혜를 낮은 곳에 선포하고자 오셨다. 우리의 마음이 낮아지면 그러한 변화가 일어난다. 나보다 낮은 사람, 나보다 못한 사람이 눈에 들어오기 시작한다.

예수님은 왜 낮은 곳으로 가셨을까? 그들을 섬기기 위함이다.

약한 자를 섬기고, 불쌍한 자를 섬기고, 고통받는 자를 섬기기 위함이다. 섬김의 도를 회복하는 것이 진짜 제자도다. 예수님은 친히 섬김의 도를 보여주셨을 뿐 아니라 제자들에게도 실천하라고 명하셨다.

"인자가 온 것은 섬김을 받으려 함이 아니라 도리어 섬기려 하고 자기 목숨을 많은 사람의 대속물로 주려 함이니라"(막 10:45).

"주라. 그리하면 너희에게 줄 것이니 곧 후히 되어 누르고 흔들어 넘치도록 하여 너희에게 안겨주리라. 너희가 헤아리는 그 헤아림으로 너희도 헤아림을 도로 받을 것이니라"(눅 6:38).

예수님의 말씀대로라면 우리는 주다가 망해도 성공한 인생이다. 주는 자가 진정 복된 사람이기 때문이다. 이 말씀을 마음에 담고, 우리는 사랑을 남기고 정신을 남기고 사람을 남겨야 한다.

분립 개척하다

2001년 신일교회에 부임할 때 교회 맞은편에는 공병 부대가 있었다. 당시에도 이 부대가 다른 곳으로 옮겨갈 것이라는 소문이 있었다. 처음에는 나도 어느 정도 기대했다. 군부대가 이전하면 여러 가지 상승효과가 있을 게 분명했기 때문이다. 하지만 10년이 지나도 별 진척이 없었다. 그러다가 2013년에 부대 이전이 확정되었고, 2015년부터는 대단위 아파트 단지가 계획되어 그 부지에 총 4,300여 세대가 들어서게 되었다. 이는 적어도 15,000명 이상이 입주한다는 뜻이고 상가까지 따지면 수만 명의 인구 유입이 예상되는 일이다. 지방의 작은 군 하나가 새로 생기는 수준이다. 그 안에는 예수님을 모르는 비그리스도인들이 많을 것이고, 그들에게 복음을 전할 생각에 벌써 가슴이 설레었다.

그런데 어느 날 기도하는데 하나님께서 이런 마음을 주셨다. "이 목사, 신일교회만 커지면 뭐하나?" "아니, 왜요? 신일교회가 지난 15년 동안 지속해서 성장한 것도 하나님 덕분이지 않습니까?" 하지만 하나님은 신일교회만 성장하는 것을 원하지 않는다는 생각이 들었다.

기도하는 가운데 '분립 개척'에 관한 마음을 주시는 것임을 알았다. 사실 신일교회는 2008년 4월 5일에 인천 간석동에 개척을 했다. 교회에서 6년 동안 신실하게 사역했던 오치영 목사가 독립하여 인천 두란노교회를 설립한 것이다. 이후 신일교회에서 6년 이상 성실하게 사역한 교역자에 한해, 교회와 자기 뜻이 맞으면 개척을 돕는다는 내용의 내규도 만들었다. 두란노교회는 이후 꾸준히 성장해서 2014년부터 자립을 하고 있다.

신일교회는 이러한 경험을 바탕으로 2017년에 2호 개척교회 설립을 결정했다. 솔직히 신일교회에는 아직도 부채가 있다. 이런 상황 속에서 장로님들이 개척에 동의한 것은 대단한 용기라고 생각한다. 그리고 2호 개척은 성도도 함께 가는 개척이다. 돌아보면 1호 개척은 주로 재정적인 지원이었다. 하지만 물질만 지원하는 개척에는 한계가 있었다. 이번에는 교인 전체가 참여하는 것으로 방향을 잡았다. 우선 지역은 교회에서 자동차로 20분이면 갈 수 있는 목감 지역이다. 목감 신도시에는 2016년부터 15,000여 가구가 들어서고 있다. 예배당 건물로는 목감의 중심부에 위치한 빌딩의 5층에 47평을 분양받았다. 그리고 50명의 성도를 파송할 예정이다. 이번에는 시무장로, 시무집사, 시무권사 등을 포함시키려고 한다.

솔직히 청장년 1,100명이 모이는 교회에서 50명의 성도를 보내는 것이 쉬운 일은 아니다. 나도 결정을 내리는 데 쉽지 않았다. 하지만 신일교회는 내 교회가 아니라 하나님의 교회라는 생각을 하니 의외로 결정이 쉬웠다. 장로님들을 비롯한 성도들 모두 분립 개척에 기뻐하고 자부심이 있다. 하나님의 은혜로 교회가 성장했기 때문에 그렇게 성장한 만큼 나누는 것이야말로 하나님 나라의 원리라는 생각이 든다. 나눌 때 커지는 것이 하나님 나라다. 나는 신일교회가 앞으로 더 많이 베풀고 나누면서 하나님 나라를 확장하는 교회가 되었으면 좋겠다.

세르파로 살아가는 즐거움

우리의 영원한 스승 예수님이 섬기러 오셨으니(막 10:45), 제자인 우리가 그분의 자취를 따르는 것은 당연하다. 그러나 전통 교회에서는 이러한 섬김의 정신을 찾아보기가 쉽지 않다. 기존 교인들은 텃세를 부리는 경우가 많다. 기득권을 주장하고, 섬김을 받는 것을 더 좋아한다. 그 벽이 너무 높고 견고하기에 새 신자들이 적응하고 은혜를 받기가 쉽지 않다.

세계의 정상 히말라야에 도전하는 등반가들에 대한 다큐멘터리를 시청한 적이 있었다. 히말라야 산맥을 등정하려면 철저한 준비와 완벽한 장비가 필요한데, 그중에 없어선 안 될 존재가 셰르파(Sherpa)다. 이들은 히말라야 산에 정통한 전문가로서 선발대 역할을 한다. 등반대원들이 무사히 올라갈 수 있도록 사전 준비를 할 뿐 아니라 그들과 함께 직접 산을 오른다. 이 과정에서 때로는 셰르파들이 희생을 당한다. 실제로 히말라야 등정 시 등반대원들보다 셰르파가 더 많이 죽는다고 한다. 자신을 희생하면서까지 타인을 위해 존재하는 것이 바로 섬기는 자의 태도다.

제자훈련을 하려면 목회자가 평신도를 섬겨야 한다. 가르치려고만 들면 실제로는 아무도 배우지 않는다. 반대로 섬기려 하면 사람들은 오히려 행동 하나하나에서 배우려고 한다. 빌 하이벨스는 "목회자가 교회에 줄 수 있는 최고의 선물은 건강한 자기 자신이다"라고 말했다. 목회자가 시간과 정성을 쏟아붓는 모습을 보면서 평신도들은 감동한다. 그런 의미에서 제자훈련은 목사가 주님의 섬김을 실천할 기회이고 평신도에게 줄 수 있는 최고의 영적 서비스다.

공개적인 사랑 고백으로
마음이 회복되다

신일교회는 노회에서도 역사가 있는 교회에 속했다. 2001년에 30년이 된 교회에 부임할 당시 내 나이는 서른여덟이었다. 당연히 담임 목회 경험은 처음이었다. 사역해나갈 생각을 하니 막막하기 그지없었다. 기도하는 가운데 하나님이 두 가지 말씀을 주셨다. "누구든지 네 연소함을 업신여기지 못하게 하고 오직 말과 행실과 사랑과 믿음과 정절에 있어서 믿는 자에게 본이 되어"(딤전 4:12). 나의 연소함에도 불구하고 좋은 본이 되는 목회자가 되게 해달라고 기도했다. "내가 달려갈 길과 주 예수께 받은 사명 곧 하나님의 은혜의 복음을 증언하는 일을 마치려 함에는 나의 생명조차 조금도 귀한 것으로 여기지 아니하노라"(행 20:24). 그리고 이 말씀처럼 신일교회에서 목회할 때에는 생명을 다하게 해달라고 기도했다.

이 말씀을 붙들고 온몸과 마음으로 최선을 다했다. 사역 초기에는 새벽 3시에 눈을 뜬 후 곧장 교회로 향했다. 평일 밤에도 쉬는 날이 없었다. 제자훈련이 기다리고 있었기 때문이었다. 감사하게도 하나님의 은혜로 교회 체질도 바뀌고, 교회도 꾸준히 성장해갔다. 주변에도 좋은 소문이 났다.

주파수를 타고 흐른 고백

솔직하지만 부끄러운 고백을 하나 하고 싶다. 교회는 점점 성장하고 성도들이 행복해했음에도 불구하고 내 마음에는 '교회가 이 정도 성장했으니 나도 이제 다른 환경에서 목회하면 얼마나 좋을까?'라는 생각이 불쑥불쑥 고개를 쳐들기 시작했다.

그즈음 창세기 강해를 하고 있었다. 야곱이 라헬을 너무나 사랑하여 라헬을 위해 7년을 수일처럼 여기며 삼촌 라반을 섬기던 시절에 대한 본문을 설교하면서, 문득 성도들에게 사랑 고백을 하고 싶다는 생각이 들었다. 하지만 차마 용기가 나지 않았다. '이중적인 마음을 가진 목사가 무슨 사랑 고백이야?' 하는 죄책감이 말문을 막았다.

그러던 중 극동방송에서 진행하는 〈목사님의 러브레터〉라는 프로그램에 출연했다. 그런데 뜻밖에 그 자리에서 평소에 차마 꺼내지 못했던 고백을 할 수 있었다.

사랑하는 신일교회 가족 여러분!
이렇게 방송을 통해 공개적으로 사랑을 고백할 기회를 주신 하나님께

목사님, 제자훈련이 정말 행복해요

감사드립니다. 돌아보니 지난 8년이 며칠같이 여겨집니다. 8년 동안 성도 여러분이 보여주신 그 사랑을 생각하니 가슴이 저밉니다. 돌아보면 교회를 섬길 수 있었던 것은 하나에서 열까지 오직 하나님의 은혜요, 성도 여러분의 사랑 덕분이었습니다. 저는 참 행복한 사람입니다. 아마 세상에서 가장 행복한 목사가 아닌가 생각합니다.

이 편지로 여러분에게 사랑의 표현을 하고 싶습니다. 아들뻘 되는 젊은 목사를 도와 함께 동역하시는 상로님들, 정말 감사드립니다. 사랑합니다. 예배가 끝나고 인사할 때 악수하면서 저를 꼭 안아주시고 "목사님, 사랑합니다"라고 힘을 주시는 장로님들이 있었기에 저는 행복합니다. 저를 위해 새벽마다 월요일마다 모여서 기도해주시고, 특히 밤새워 기도하시는 권사님들의 기도를 잊을 수 없습니다. 우리 권사님들의 기도는 영력이 있지요. 권사님들, 사랑합니다. 궂은일을 마다치 않고 주님의 손과 발이 되어 일사불란하게 섬기고 사역하시는 집사님들이 없었더라면, 신일교회의 오늘은 존재하지 않았을 것입니다. 제가 어려울 때마다 "목사님, 힘내세요. 우리가 있잖아요"라고 말씀하시는 한 분 한 분의 지지에 큰 힘을 얻습니다. 보이지 않는 가운데 묵묵히 자리를 지키고, 이름 없이 빛도 없이 교회를 섬기시는 성도 여러분이 제게는 참 소중합니다.

이 방송을 청취하고 계실 신일교회 성도 여러분, 제가 방송을 통해 정말 하고 싶은 고백이 있습니다. 편지를 쓰면서도 끝까지 망설이고 주저했습니다. 제가 신일교회에 부임하기 전에 하나님께 기도한 것이 있습니다. "하나님, 제게 목회지를 맡겨주시면 그곳에 뼈를 묻겠습니다." 사실 그런 기도를 드렸지만 신일교회에서 평생 사역하는 것은 왠지 모를 부담이었습니다. 그런데 이 시간을 빌려 고백합니다. "제 남은 목회를 신일교회에서 마무리하겠습니다." 아마 이 고백을 하라고 하나님께서 방송 출연할 기회를 주신 것 같습니다.

사랑과 기침은 감추지 못한다는 말이 생각나네요. 제가 여러분을 사랑하는 것이 아직도 부족하고 많이 서툽니다. 하지만 제 마음을 아시지요? 속은 따뜻한 남자입니다. 마지막 이 고백으로 여러분을 초대하고 싶습니다. "나의 사랑하는 신일의 지체들이여, 일어나 함께 갑시다!" 감사합니다. 사랑합니다. 축복합니다.

이렇게 고백하니 신기하게도 이중적인 마음이 사라졌다. 하나님께서 연약한 내 마음을 아시고 공개적으로 고백하게 하여 성도들을 향한 사랑의 마음을 확신하게 해주셨다고 믿는다. 그때의 고백이 없었더라면 어떻게 되었을까?

하나님은 참 좋으신 분이다.

목사님, 제자훈련이 정말 행복해요

감사가 넘치는
교회가 되다

      생전 처음으로 감사가 무엇인지 깨달은 사건이 있었다. 고등학교 2학년 때, 당시 내가 출석하던 교회 고등부는 인원이 200여 명에 이르는 모범적인 주일학교였다. 우리 반 선생님은 K 집사님으로 당시 마포중학교 교장이었으며, 사모님도 동구여상 교사로서 부부 교사였다. 이들 부부는 신앙이 좋아서 학생들의 존경을 받고 있었다.

  어느 주일 아침이었다. 고등부 예배를 드리고 있는데 갑자기 선생님이 급히 나가시는 것이 아닌가? 아이들은 영문도 모른 채 계속 예배를 드렸다. 그리고 예배 후 분반 공부를 인도할 선생님이 안 계셔서 우왕좌왕할 무렵이었다. 그때 누군가가 이렇게 말했다. "오늘 예배 시간 도중에 집에 불이 나서 집사님이 황급히 나가셨어요." 다들 걱정스러운 눈빛이었다. 우리는 선생님을 위해 기도한 후 집으로 돌아갔다.

다음 주일 우리는 선생님의 얼굴을 뵙고 안도의 한숨을 내쉬었다. 그런데 놀라운 일이 일어났다. 예배 도중 헌금 시간에 담당 전도사님이 "K 집사님, 감사헌금 드리셨습니다" 하는 것이 아닌가? 당시에는 감사헌금을 드린 분을 호명하는 시간이 있었다. 순간 나는 충격을 받았다. '아니, 집에 불이 났는데 무슨 감사야?' 궁금하기도 했다. 예배 후 분반 공부 시간에 선생님이 입을 여셨다. "지난주 갑자기 불이 났지만, 다행히 다섯 식구 모두 화상을 입지 않고 안전한 것을 두고 하나님께 감사했어요." 나는 그때 감사가 무엇인지를 처음 알았다. "그렇구나. 감사는 감사의 제목을 찾기에 달려 있구나."

경대 서랍 속 감사 봉투

내가 감사에 눈뜨게 된 다른 계기는 부모님을 통해서였다. 당시 우리 집은 정릉에 있었고, 아버지는 쌀가게를 운영하셨다. 고객들이 혜화동과 삼선교 그리고 성북동에 많이 살았던 터라 배달이 많았다. 그런데 아버지는 오토바이를 사지 않으셨다. 자전거를 잘 타셔서 별 필요를 못 느끼셨던 게다.

문제는 정릉에서 혜화동 방면으로 배달을 가려면 '단장의 미아리 고개'를 넘어야만 하는 것이었다. 쌀 반 가마니, 즉 40킬로그램까지는 혼자서도 배달할 수 있었지만, 한 가마니는 역부족이었다. 그때마다 아버지는 나를 부르셨다. 쌀 한 가마니를 자전거에 싣고 미아리 고개를 넘을 때 뒤에서 자전거를 미는 게 내 역할이었다. 솔직히, 창피했다. 그때는 한창 사춘기 시절이었는데, 남의 시선이 몹시 신경 쓰였기 때문이다. '혹시 나를 알아보는 사람이 있으면 어쩌지?', '내가 좋아하는 여학생이 버스에서 나를 알아보기라도 하면 어쩌지?' 하등 쓸데없는 걱정을 많이 했다.

그러던 어느 날 아버지는 자전거를 타고 가다가 그만 눈길에 미끄러져 낙상하셨다. 이 사건으로 허리를 다치신 아버지는 더 이상 쌀가게를 운영할 수 없었다. 아버지는 몇 개월간 쉬나가 새 직장을 찾았다. 40대 후반에 새롭게 다니게 된 직장에서 받는 월급은 그야말로 박봉이었다. 하지만 아버지는 감사하는 마음으로 직장을 다니셨다.

하루는 우연히 안방에 있는 자그마한 경대 서랍을 열어보았다. 거기엔 헌금 봉투가 가지런히 놓여 있었다. 제일 먼저 십일조 봉투, 감사헌금 봉투, 선교헌금 봉투 그리고 장학헌금 봉투까지. 어머니는 넉넉하지 않은 살림을 꾸려가면서도 월급을 받으시면 제일 먼저 십일조를 떼고, 그다음에 감사헌금을 드리셨다. 그때 경대 서랍에 가지런히 놓여 있던 헌금 봉투가 아직도 눈에 선하다. 그 후로 나는 수입의 10분의 1을 십일조로 드리고 난 후에 먼저 감사헌금을 드려야 함을 깨달았다.

죽음을 초월한 감사일기

신일교회에 초등학교 교사 출신으로서 현숙하고 지혜로운 권사님 한 분이 계셨다. 교회에서는 어르신들의 모임인 소망부 부장으로서 열정을 다해 섬기셨다. 부지런하고 인정받는 일꾼이었다.

그런데 2008년 가을, 청천벽력 같은 소식이 들려왔다. 그분이 췌장암 선고를 받은 것이다. 췌장암은 완치율이 극히 낮고, 일단 발견되면 1년 안에 사망하는 '나쁜 암'이다. 담당 의사도 1년 정도를 이야기했다. 하지만 정작 본인은 침착하고 담담했다. 온 교인이 권사님을 위한 기도를 시작했다. 그분은 믿음으로 고난을 이겨나갔다.

그렇게 3년이 지났다. 2011년 봄부터 체력이 현저하게 떨어지기 시작했다. 이후 권사님은 안양에 있는 샘병원 호스피스 병동으로 옮겨졌다. 6월 어느 날 권사님을 심방하러 갔던 때였다. 마침 권사님은 바람도 쐴 겸 잠시 부재중이었다. 빈 병상에서 기다리고 있는데 병원 원목으로 계신 분이 들어오셨다.

그분은 나를 보더니 대뜸 이렇게 물었다. "혹시 신일교회 목사님이세요?"

"어떻게 저를 아세요?"

"권사님이 목사님 얘기를 워낙 많이 하셨어요. 얼마나 침이 마르도록 칭찬을 하시든지…." 그러면서 한마디 더 건넸다.

"목사님, 권사님이 고통 속에서도 계속 일기 쓰는 거 아세요?"

"무슨 일기요?"

그분은 "감사일기를 쓰고 계세요"라며 일기장을 보여주셨다. 순간 깜짝 놀랐다. 권사님은 그렇게 큰 고통 중에서도 감사일기를 쓰고 계셨다. 하나님의 크신 은혜를 날마다 온몸으로 간증하고 계셨던 것이다.

목사님, 제자훈련이 정말 행복해요

권사님은 2011년 8월에 하나님의 부름을 받았다. 나는 아직도 그 감사일기가 생생하게 기억난다.

벼랑 끝에서 날게 하시다

지금은 예수님을 믿고 신일교회에서 열심히 신앙생활을 하고 있지만, B 집사는 한때 계속되는 시업 부도로 지살을 선택한 적이 있었다. 결심을 실행에 옮기고자 교회 근처에 있는 산에 올라갔는데 마침 그곳에서 신일교회 장로 한 분을 만났다. 장로님과 대화를 나누며 자연스럽게 복음을 접했고, 성령께서 마음을 움직여 새 삶을 살게 되었다.

교회에 등록한 후 새가족 섬김이 C 집사의 뜨거운 사랑과 끊임없는 기도로 B 집사는 조금씩 변화되기 시작했다. 얼굴도 밝아졌다. 무엇보다 가장 큰 변화는 감사가 넘치는 사람이 된 것이었다. 전에는 입만 열면 불평과 욕이 나왔는데, 이제는 감사와 찬양이 가득하다. 건강한 교회를 만나고 사랑하는 지체들과 함께 신앙생활하면서 즐거움과 행복을 맛본 것이다.

2010년에는 새생명축제에서 태신자들 앞에서 간증도 했다. 그분의 간증을 들으며 많은 태신자와 성도들이 은혜를 받았다. 가정도 서서히 변화되었다. 평소 아빠의 폭언과 폭력으로 인해 어두웠던 자녀들도 밝아지기 시작했다.

수중에 아무것도 없었지만 용기를 얻어 다시 사업을 시작할 수 있었다. 옷을 생산하는 공장인데 이제는 20여 명의 직원을 둘 정도로 성장했다. 날마다 감사하니 하나님이 감사할 일을 주셨다고 고백한다. 인생의 실패자가 감사할 일이 가득한 '믿음의 CEO'가 된 것이다.

우울증을 이긴 감사

감사는 우울증도 이기게 한다. 몇 년 동안 심한 우울증으로 고생했던 한 집사님을 통해 이 사실을 확인할 수 있었다. 그분은 십수 년 전, 딸을 먼저 하늘나라로 보낸 아픔을 겪었다. 설상가상으로 남편도 직장에서 해고를 당했다. 정서적인 고통에 경제적인 어려움마저 더해져 고통은 태산처럼 커져만 갔다. 신앙이 있었지만 우울증이라는 불청객은 쉽게 떨쳐낼 수가 없었다.

　마침 그 무렵 교회는 다 함께 감사일기를 쓰고 있었는데, 그분 역시 여기에 동참했고, 변화는 그때부터 일어났다. 마음에 평화가 넘치고, 환경을 극복할 정도로 내적인 힘이 생긴 것이다. 최근에는 아들이 결혼하여 든든한 손자까지 보았다. 그리고 경제적인 문제도 점차 해결되고 있다. "이 모든 것이 감사의 열매입니다." 그분의 고백이다.

날마다 통과해야 할 감사의 문

신일교회 교직원들은 매주 화요일 오전 9시에 모여 시편 말씀으로 큐티와 나눔을 하고 있다. 신일교회를 섬긴 지 15년이 되었으니 시편 전체를 몇 번 정도 묵상한 것 같다. 하지만 그때마다 하나님은 새로운 깨달음을 주신다. 최근에도 시편 100편을 묵상하는데 갑자기 4절 말씀이 눈에 들어오는 게 아닌가?

"감사함으로 그의 문에 들어가며 찬송함으로 그의 궁정에 들어가서 그에게 감사하며 그의 이름을 송축할지어다"(시 100:4).

예루살렘 성전에는 문이 많았다. 양이 출입하는 '양문', 물이 들어가고 나가는 '수문', 그 밖에 '어문', '옛문', '샘문', '분문', '마문', '동문' 등이 있었지만 '감사의 문'은 없었다. 하지만 하나님은 백성들이 하나님께 나올 때 이 감사의 문을 통과하길 원하셨던 것이다.

"아, 감사란 하나님의 임재에 들어가게 하는 것이구나. 감사함으로 주님께 나아가는 것이구나. 그러니 반드시 감사해야겠구나!" 이 익숙한 말씀이 그날따라 마음에 확 와 닿았다.

하루를 기분 좋게 출발하려면 감사로 시작하면 된다. 유대인들은 아침에 일어나면 감사의 기도로 하루를 시작한다고 한다. "사랑과 연민으로 영혼을 제게 돌려주셨기에 영원한 왕이신 주님께 감사드립니다." 이렇게 첫 시간에 가장 소중한 선물인 생명을 허락하신 하나님께 감사의 기도를 올려드리는 것이다. 그리고 잠자리에 들기 전 오늘 하루를 주신 하나님께 감사하면서 다음 날도 행복한 날이 될 것을 기원했다.

오늘 감사하면 하나님은 내게 또 감사할 새날을 주신다. 인생에 궂은날이 있더라도 그 날을 행복하게 가꾸어야 한다. 감사로 하루를 여닫는, 감사의 문 앞에 선 문지기가 되어보자.

깊이 생각하면 감사할 수밖에 없다

신일교회는 예배당에 들어가면서 자발적으로 헌금을 드린다. 나는 매주 성도들의 감사헌금 봉투를 살펴본다. 그들의 감사 제목이 궁금하기 때문이다. 그것을 보면서 나 또한 하나님께 감사의 기도를 드린다. 함께 감사하는 것이다. 봉헌 시간에는 헌금자 명단이 아니라 '감사 제목'을 낭독한다. 이렇게 하는 이유는 봉헌을 통해 감사 제목을 고백하게 하기 위함이다. 이를 듣는 성도들은 '감사할 것이 이렇게 많구나'라는 깨달음을 얻는다.

구약성경에 따르면 '감사하다'라는 단어에는 '고백한다'는 뜻이 함께 담겨 있다. 또한 헬라어로는 '숙고하다', '생각하다'라는 의미가 있다. 영어 단어 'thank'는 생각한다는 의미의 'think'와 그 어근이 같다. 결국 감사는 '생각하는 것'이며 '고백하는 것'이라고 말할 수 있다. 감사는 하나님과 그분의 은혜에 대한 내적인 고백이다.

오늘도 성도들은 하나님이 베푸실 은혜를 기대한다. "오늘 어떤 일이 일어나든지 감사하리라!" 나는 오늘도 감사한다. 365일 감사할 뿐이다.

주님의 제자로 다시 태어나다

박은실 사모

오랜만에 먼지를 털어내며 제자훈련 교재를 펼쳐보았다. 2001년 7월, 남편은 신일교회에 부임한 후 이듬해부터 장로와 권사반을 나누어 제자훈련을 시작했다. 나를 포함한 열두 명의 집사들은 목요일 오전반에 편성되어 훈련을 받았다.

사실 당시 나는 제자훈련을 부정적인 시각으로 보고 있었다. 남편은 미국 유학을 마치고 사랑의교회에 부임해 국제제자훈련원에서 사역을 시작했는데, 계속되는 세미나로 인해 집을 비우는 일이 많았기 때문이었다. 나는 사택에서 세 아이와 함께 매일 육아 전쟁을 치러야 했고, 남편의 부재를 혼자서 감당할 수밖에 없었다. 남편이 얼마나 귀한 사역을 하는지 잘 알지도 못하면서 제자훈련을 달갑지 않은 시선으로 보았다.

이런 무지함은 제자훈련 지도자로 섬기기 위해 참석한 '제자훈련 지도자'(CAL) 세미나에서 완전히 무너지고 말았다. 월요일 아침부터 빡빡한 일정으로 돌아가는 세미나에서 나는 두 눈이 짓무르도록 울었다. 특히 옥 목사님의 강의를 들으며 회개의 눈물, 감격의 눈물을 매시간 쏟아냈고, 텅 빈 그 자리에는 벅차오르는 비전이 새롭게 부어졌다.

나는 복음이 들어오던 초창기에 선교사를 통해 예수님을 영접한 집안에서 태어났다. 일가친척 중에는 예수를 믿지 않는 가정이 없었고, 모이면 교회나 사역 이야기가 주를 이루는 분위기였기에 예수 믿는다는 것은 너무나 자연스러운 일이었다. 학창 시절에는 학교, 집, 교회만을 오가던 삶이었기에 교회에서도 칭찬을 들으며 자랐다.

중학생 시절, 어느 주일에 나는 입교를 했다. 목사님의 질문을 따라가며 대답하는데 주님이 내게 이렇게 말씀하시는 듯했다. "아골 골짝 빈들에도 복음 들고 갈 수 있겠니?" 목사님과의 문답이 그러한 주님의 질문과 겹쳐지면서, 나는 눈물을 흘리며 답하고 있었다.

그 후 나는 사모가 되었고, 남편의 담임 목회 첫 부임지인 신일교회에서 훈련을 받았다. 하지만 여 집사님들과 함께 남편에게 훈련받는 것이 쉽지는 않았다. 훈련이 계속될수록 나는 '회칠한 무덤'이라는 책망 앞에 서야만 했다. 예수님이 '독사의 자식들'이라고 호통하시던 그 바리새인이 사실은 나였음을 인정할 수밖에 없었다. "천부여 의지 없어서 손 들고 옵니다", "나 같은 죄인 살리신"과 같은 찬송은 어릴 적부터 예수를 믿었던 나와는 별로 상관이 없는 곡이었다. 하지만 이것이 곧 내가 평생 부를 노래임을 깊이 깨달았다. 할렐루야!

사모는 때때로 완벽할 것을 요구받고, 어느 정도의 연기도 필요하다는 무언의 압력을 받는다. 하나님은 이런 나를 불쌍히 여기셔서 '최우수 연기상'을 향해 가던 나를 제자훈련으로 재창조하셨다. 제자훈련에 눈을 뜨자 주님의 사람으로 완전히 변화되었다. 진리의 말씀을 깨닫고 내가 누구인지, 어떻게 살아야 할지를 분명히 알게 되자 더는 가면을 쓰지 않아도 되었고, 사모가 아닌 주님의 제자로 평생을 드리

목사님, 제자훈련이 정말 행복해요

겠다고 결단할 수 있었다.

나는 전혀 다른 사람이 되어 있었다. 나를 처음 만나는 분 중에는 내가 전형적인 사모의 모습과 달라 놀라시는 분도 가끔 있다. 이후 목회의 성공이라는 목표에서 벗어났다. 또한 사람을 의식하거나 두려워하지 않고, 주님 앞에 순전한 모습으로 사는 것이 먼저가 되었다.

그렇게 제자훈련, 사역훈련을 받고 7년 동안 제자훈련 인도자로 섬기면서 많은 자매의 변화된 모습을 보는 기쁨도 누렸다. 사모가 건강해야 교회가 건강함을 감히 깨닫는다. 부족하나마 건강한 교회를 세우는 데 약간의 밑거름이 된 것 같아 참 좋다.

지금은 3년째 영아부 사역을 하고 있다. 태아부터 4세까지의 아이들이 부모와 함께 예배드리고 있다. 신앙 교육을 위한 최고의 교사는 부모이기에, 그들이 먼저 말씀과 기도로 굳건히 세워지도록 돕는 사역에 중점을 둔다. 신학을 공부하지도 않았고, 사역 경험도 없는 내가 이런 일들을 감당할 수 있는 것은 제자훈련 덕분이다.

우리 부부는 제자훈련을 통해 주시는 은혜의 최대 수혜자라고 서로에게 말한다. 감사하고 또 감사하다. 앞으로 많은 사모들도 제자훈련을 통해 주님의 건강한 제자로 서서, 주님 오실 그때까지 하나님 나라를 품으며 귀한 사역을 감당하길 기도한다.

2부

제자,
세상에서
가장 행복한
사람들

안타깝게도 한국 교회는 언제부터인지 한 사람의 소중함을 간과하고
'더 큰 교회'를 추구하는 쪽으로 방향을 선회했다.
그로 인해 한국 교회에는 많은 문제점이 생겼다.
이제부터라도 한국 교회는 '한 사람'을 세우는 일에 전력해야 한다.
'한 사람 철학'이란 무엇인가?
한 사람에게 생명을 거는 목회를 말한다.
한 영혼의 가치를 깨닫고 그 한 영혼이 주님께 돌아오고
주님을 닮아가는 제자가 되기까지
시간과 돈, 성열 그리고 생명까지 바치는 목회를 하는 것이다.

제자훈련으로
정말 사람이 변합니까?

"왜 제자훈련을 하지 않으십니까?"

제자훈련을 하지 않는 목회자들에게 질문을 던지면 하나같이 이런 대답이 돌아온다.

"제자훈련으로 사람이 변화되나요?"

나는 이렇게 묻고 싶다.

'그러는 목사님은 변화되셨나요?'

자신도 변화되지 않으면서 사람들만 바꾸어놓으려고 하니, 어불성설이다. 솔직히, 왜 제자훈련을 해도 변화되지 않을까? 나는 감히 이렇게 말하고 싶다. 바로 목회자 자신이 변화되지 않았기 때문이다.

가끔 사랑의교회 출신 목회자들을 만나면 "과연 21세기에도 제자훈련을 해야 하는가?"라는 화두를 놓고 밤을 지새우며 토론하고 이야기꽃도 피운다. 그렇게 해서 얻은 결론 역시 "그래도 제자훈련이 대안이다. 제자훈련은 꼭 해야 한다"이다.

농부가 사과 농사를 짓는 목적이 무엇인가? 단순히 생계 수단일 뿐인가? 돈을 버는 것은 덤으로 주어진다. 사과에 생명을 걸면 자연스럽게 돈도 벌 수 있다. 사과가 그저 돈으로만 보인다면 이미 그 농부는 생명력을 잃었다고 봐야 한다. 마찬가지로 제자훈련은 또 다른 목회 '프로그램'이 아니다. 제자훈련은 목회의 본질이기에 목회의 핵심가치가 되어야 한다. 주님이 바로 이런 '제자 삼는 목회'를 하지 않으셨던가? 그렇다면 무슨 말이 더 필요하겠는가?

사람은 그렇게 쉽게 변하지 않는다?

물론 사람이 변화되는 것은 정말 쉬운 일이 아니다. 나만 봐도 그렇다. 목사라는 직분을 떼어놓고 나서, '인간 이권희'가 얼마나 변화가 더딘지를 생각하면 가슴이 먹먹해진다. 할 말이 없다. 40년 이상 성경을 읽어왔고, 또 설교는 얼마나 많이 들었던가? 게다가 나는 신학까지 공부하지 않았나? 그런데도 말씀을 내 삶에 적용하고 말씀대로 순종하면서 변화되는 삶을 살기는 쉽지가 않다. 여전히 어렵다.

하지만 이것이 전부는 아니다. 이권희는 그런 과정을 통해 조금씩이지만 변화되었다고 감히 말하고 싶다. 그 변화는 지금도 진행 중이다. 그렇게 변화되다가 언젠가 주님 앞에 서는 날에는 영화롭게 될 것이다.

제자훈련으로 변화될 수 없다고 생각하는 목회자는 영적 전쟁에서 이미 진 것이다. 제자훈련으로 사람이 변화되지 않는다면 과연 무엇으로 변화된단 말인가?

재생산이 힘들다?

"제자훈련을 받은 사람들은 사기들만 즐기고 외부로 향하지 않는다." 한때 젊은이들에게 상당한 영향을 끼쳤던 한 목회자가 제자훈련을 평가하면서 지적했던 부분이다. 상당히 일리 있는 지적이라고 생각한다. 목회자 중에는 이처럼 '제자훈련을 하면 재생산이 잘 안 된다'라고 생각하는 분들이 있다. 한마디로 '전도'가 안된다는 것이다.

그런 말을 들을 때마다 나는 속으로 힘주어 말한다. '아닙니다. 제자훈련을 하면 전도가 됩니다.' 제자훈련을 통해 성도들이 복음전도자로 살아가는 교회가 얼마나 많은지 모른다. 무엇보다 신일교회가 그 증인이다. 신일교회는 제자훈련을 받은 많은 훈련생이 전도자로 헌신한다(이 부분은 3부에서 상세히 다루겠다).

제자훈련에는 이런 DNA가 있다고 생각한다. 제자훈련을 하다보면 복음의 진수를 접하게 되고, 복음이 무엇인지를 깨닫는다. 시키지 않아도 자연스럽게 전도를 하게 된다. 신일교회도 제자훈련을 통해 복음전도자로 헌신하는 훈련생들이 많다. 제자훈련과 재생산은 결코 따로 떨어뜨려놓고 생각할 수 없는 관계다.

성경공부에 불과하다?

한국 교회에 꽤 알려진 모 세미나에 참석했을 때였다. 세미나 주 강사가 "제자훈련은 성경공부입니다"라고 말하는 게 아닌가? 화가 나서 "그렇지 않습니다. 제자훈련은 성경공부가 아닙니다"라고 말하고 싶었지만 꾹 참았다. 실제로 상당수의 목회자는 제자훈련을 두고, 지금까지 교회에서 해오던 다양한 성경공부 방법을 체계적으로 정리한 것 정도로 생각한다.

하지만 제자훈련은 단순한 성경공부가 아니다. 머리만 키우고 성경 지식만 쌓는 그런 공부가 아니다. 제자훈련은 한 사람을 말씀으로 변화시키고 인격을 성숙시켜 온전한 제자로 만드는 전인격적인 훈련이다. 이것은 양육과도 구별된다. 양육은 젖을 먹여 일방적으로 키우는 것이지만, 제자훈련은 그야말로 훈련이다. 규율이 엄격하고 강도가 세다.

예를 들어, 신일교회에서 진행하고 있는 제자훈련 과정은 전체가 32주인데, 두 번 이상 결석하면 자동으로 탈락한다. 숙제도 만만치 않다. 생활 숙제를 하면서는 일상에서 말씀을 실천해야 한다. 이렇듯 매우 적극적인 신앙생활을 요구한다. 제자는 시간이 흐른다고 저절로 되는 게 아니기 때문이다. 예수님도 열두 명의 제자들과 동고동락하셨다. 제자훈련은 자신의 의지를 죽이고 십자가를 지는 실존적 결단을 요구한다(눅 9:23, 14:27). 또한 그리스도를 닮아가야 한다. 주님을 따르기로 결단하고 실제로 그렇게 살아야 한다. 그러므로 제자훈련에는 엄격한 규율이 있고, 훈련생은 그 규율에 따른다.

제자훈련에 냉소적이고 부정적인 반응을 보이는 주된 원인은 제자훈련이 무엇인지 잘 모르기 때문이다. 실제로 제자훈련을 받아보았거나 하고 있다면 그렇게 말하지 않는다. 일반적으로 성경공부는 연구 자체가 목적이다. 다분히 지적이고 이론적이다. 반면 제자훈련은 훈련생 개개인의 생각과 삶의 변화에 초점을 둔다. 훈련자도 말씀을 가르칠 뿐 아니라 사람들이 말씀을 실천할 수 있도록 돕는다. 말씀을 잘 실천하고 있는지 점검하는 것을 빼놓지 않는다. 최종적으로는 평신도를 지도자로 세우는 데 목표를 둔다.

강남에서나 어울린다?

옥한흠 목사님이 서울신학대학교에서 강의한 후 질문을 받는 시간이었다. 한 학생은 손을 들고는 이런 질문을 했다.

"목사님은 대한민국의 수도 서울에서, 그것도 강남 한복판에서 제자훈련을 하셨습니다. 제자훈련은 학력이 높고 생활수준이 높은 지역에서나 가능하지, 그렇지 않은 곳에서는 어려워 보이는데, 어떻게 생각하십니까?"

신학생의 질문은 예리했다. 그때 옥 목사님은 이렇게 반문하셨다. "만약 제가 그런 지역에서 목회했다면 제자훈련을 안 했을까요?" 그는 "목사님이라면 하셨겠지요"라고 인정했다.

제자훈련은 강남 지역에서나 어울릴까? 그렇지 않다는 사실은 신일교회를 보면 알 수 있다. 신일교회의 경제적 여건, 학력 등을 보면 제자훈련이 어울리지 않는 환경처럼 보인다. 처음에 제자훈련을 시작하면서 '성도들이 잘 따라올 수 있을까?'라는 걱정도 했다. 하지만 그것은 기우였다. 제자훈련에 대한 성도들의 열정은 그야말로 뜨거웠다. 숙제도 잘 준비해오고 어려운 교리 부분의 예습도 정말 잘해왔다. 오히려 낮은 마음으로 제자훈련에 임하니 매사에 적극적이었으며 최선을 다했다. 물론 훈련생들의 연령이 워낙 많거나 학력이 현저하게 떨어지는 경우도 있을 것이다. 그런 경우에는 지도자가 훈련생들의 눈높이에 맞게 하면 된다.

제자훈련의 결정적 시기

"철은 뜨거울 때 때려라!"라는 격언이 있다. 성경은 "세월을 아끼라"(엡 5:17)라고 말씀한다. 즉, 기회를 사라는 의미다. 제자훈련 지도자는 모임에서 언제 훈련을 시작해야 할지 하나님께 묻고 결정해야 한다. 영성은 하나님께 잘 묻는 데서 나타난다. 또한 그에 대한 응답을 들을 줄 알아야 한다. 그때 시작해도 늦지 않다.

훈련 시기가 너무 빠르면 제자훈련과 관련해 동기를 부여하기가 어렵다. 성장할 필요를 느낄 시간적 여유가 없기 때문이다. 반대로 시기가 너무 늦으면 기회를 놓칠 수도 있다. 또한 설교를 통해 변화의 필요성을 강조해야 한다. 제자훈련을 통해 건강한 교회로 변화된 모델 교회를 방문해서 이야기를 나눠보는 것도 중요하다. 모델 교회를 찾을 때는 섬기는 교회와 지역, 규모, 분위기

등이 유사한 교회가 적격이다.

신일교회 제자훈련에 특이한 점이 있다면 훈련생의 중도 탈락이 거의 없다는 사실이다. 지금까지 286명의 훈련생 중 탈락한 훈련생은 손으로 꼽을 정도다. 1퍼센트 미만이다. 게다가 훈련 시간에 결석하는 경우도 거의 없다. 어떤 직장 여성반의 경우는 퇴근 후 저녁에 모여 훈련을 받지만 1년간 전원이 출석했다. 숙제도 정밀 잘해온다. 훈련생들의 학력이 높은 것도 아니다. 그럼에도 불구하고 제자훈련 숙제를 충실하게 해온다. 흔히들 제자훈련은 서울 강남 지역에 사는 고학력자들에게나 적합하다는 생각이 강한 것 같다. 이런 통념 때문에 선뜻 제자훈련을 시작하지 못하는 목회자들이 있다.

신일교회는 이런 통념을 깬 좋은 예라고 생각한다. 제자훈련은 지역과는 관계가 없음을 다시 한 번 깨달았다. 물론 일부 농어촌 지역은 예외일지도 모르겠다. 하지만 옥 목사님 말씀대로 지역이나 학벌이 제자훈련의 근본적인 장애물은 아니다. 문제는 훈련을 시키는 지도자의 자세와 열정이다.

한 영혼의
가치를 알았기에

현재 전 세계에서 매주 6천만 명이 찾는 곳이 있다. 바로 스타벅스 매장이다. 개인적으로 커피를 좋아하기 때문에 나역시 자주 들른다. 스타벅스는 자신들이 왜 거기 있어야 하는지를 분명히 알고 있는 회사다. '제1의 공간은 집, 제2의 공간은 직장이라면, 제3의 공간은 스타벅스'라는 자부심이 대단하다. 하지만 그런 스타벅스도 한때 과도한 확장 전략으로 인해 정체성이 흔들렸고, 급기야 실적이 부진해지자 2008년부터는 창업자인 하워드 슐츠(Howard Schultz)가 일선에 복귀했다. 그가 복귀해서 가장먼저 외친 구호는 '다시 커피로'(Refocus to Coffee)였다.

제자훈련, 목회의 본질

왜 제자훈련 목회를 해야 하는가? 그 이유와 목적이 분명해야 한

목사님, 제자훈련이 정말 행복해요

다. 답은 단순하다. 예수님이 제자훈련을 하셨기 때문이다. 이보다 더 확실한 이유가 있을까? 예수님은 제자들에게 제자를 삼으라고 명하셨다(마 28:19-20). 사도들은 이 명령을 사명의 핵심에 두었다. 사도행전을 읽어보면 사도들이 모여 끊임없이 이것을 실천했음을 알 수 있다. 따라서 오늘날 교회도 제자훈련을 하는 것이 마땅하다. 다시 말해서 제자훈련은 목회의 방법이 아니라 목회의 본질이다.

일반적으로 전통 교회에서는 목적이나 본질이 아닌 다른 요소들이 교회를 이끄는 경우가 많다. 하지만 여러 한계에 도달한 전통 교회의 돌파구는 '어떻게 하면 제자훈련과 창의적으로 접목될 수 있는가'에 달려 있다. 전통 교회에서 제자훈련을 접목하고 뿌리내리려고 할 때 목회 철학을 점검해야 하는 이유다.

무엇보다 교회가 무엇인가에 대한 의식 전환이 꼭 필요하다. 일반적으로 한국 교회 성도들은 이런 질문을 받으면 자기가 다니는 교회의 건물이나 조직을 먼저 떠올린다. 하지만 교회는 건물이나 조직이 아니다. 교회는 특정 교역자나 몇 사람의 일꾼이 아니라 예수 그리스도를 구세주로 인정하고 고백한 모든 성도로 이루어진다(고전 1:2).

모든 성도는 한 사람도 예외 없이 하나님께 부름받은 '하나님의 자녀'일 뿐만 아니라 세상으로 보냄받은 '그리스도의 제자'이다. 이것은 우리가 반드시 염두에 두어야 하는 소명 의식이다. 제자훈련 하는 목회자가 반드시 가르쳐야 하는 교회의 존재 목적이기도 하다. 이는 전통 교회나 개척 교회 모두에 해당한다.

하나님을 영화롭게 하는 제자훈련

그렇다면 구체적으로 교회는 왜 제자훈련을 해야 할까?

첫 번째, 교회가 하나님을 위해 존재한다는 사실을 가르쳐주기 위함이다. 이 사실을 모르는 사람들이 많다. 우리가 여기 존재하는 으뜸 되는 목적이 무엇인가? 웨스트민스터 소요리문답 제1문은 이렇게 묻고 답한다. "인생 최고의 목적이 무엇입니까? 하나님을 영화롭게 하고 하나님만을 영원토록 즐거워하는 것입니다."

하지만 오늘날 한국 교회의 성도 중에는 그저 예배 잘 드리고 하나님이 주시는 복을 받아 세상에서 즐겁고 행복하게 잘살면 그만이라고 생각하는 이들이 많다. 이런 신앙을 가리켜 '기복 신앙'이라고 한다. 이것은 미신적이고 주술적이며 이원론적이다.

제자훈련을 하면 이러한 잘못된 태도가 바뀐다. 제자훈련하는 교회를 보면 예배가 살아 있다. 생동감이 넘친다. 역동적이다. 신일교회 예배에 참석했던 외부 교인들이나 손님들은 한결같이 "예배가 살아 있고 역동적이며 감동을 준다"라는 소감을 전한다. 아마도 제자훈련을 받은 300명의 성도가 함께 예배를 드리기 때문일 것이다.

선한 영향력을 끼치는 제자훈련

교회가 제자훈련을 해야 하는 두 번째 이유는, 교회가 세상을 위해 존재한다는 사실을 알리기 위해서다. 예수님은 우리에게 "너희는 세상의 빛이요 소금이다"라고 말씀하셨다. 성도들은 주님의 능력을 받아 세상에서 영향력 있는 존재로 살아갈 수 있음을 강조한 것이다. 자신의 그리스도인 됨을 삶에서 증명하려면 주님의 제자로 살아가면 된다.

세 번째 이유는 교회를 교회 되게 하기 위함이다. 교회가 건강해야 교회 됨이 드러나는 법이다. 교회의 건강을 위해서는 제자훈련이 필요하다. 물론 제자훈련을 하지 않아도 건강한 교회가 될 수는 있다. 하지만 절대 쉽지 않다. 반면 제자훈련을 받으면 성도들이 성숙해진다. 말씀대로 살고자 노력하기 때문이다. 성도 한 사람을 그리스도 안에서 온전한 자로 세워 주님을 닮도록 돕는 것이 제자훈련이기 때문이다. 제자훈련을 하는 교회와 그렇지 않은 교회를 보면 그 차이가 확연하다.

제자훈련은 교회 성장의 수단인가

그렇지만 제자훈련을 단지 교회 성장의 수단 정도로 보고 접근하는 분들도 있다. 차근차근 '제자도 신학'을 공부하면서 제자가 무엇인지, 제자도란 무엇인지 숙지하지 못한 상태에서 성급하게 제자훈련을 도입하기도 한다. '평신도 목회'의 정신은 사라지고, 마치 목사의 일을 성도들이 나눠서 하는 것쯤으로 여긴다. 특히 제자훈련은 소그룹 중심으로 가야 하는데도 설교를 강화하는 식으로 운영하는 경우가 많다. 목회자가 소그룹을 경험하지 못했거나 소그룹을 인도해본 적이 없는 상태에서 제자훈련을 시작하기 때문이다. 그런 경우 교회에서 제자훈련을 지속하기가 쉽지 않다.

물론 제자훈련을 통해 교회가 성장한 사례는 적지 않다. 실제로 '제자훈련 지도자 세미나'에 참석하고는 큰 도전을 받아 '제자훈련호'의 돛을 올리는 목회자들도 많다. 옥한흠 목사님은 자신의 제자훈련 사역의 핵심을 "평신도를 깨운다"라는 말로 압축해 표현했다. 저서에서 스스로 밝혔듯, 유학 시절 한스 큉(Hans Küng)의 《교회》 속에서 발견한 교회의 네 가지 표징(단일성, 거룩성, 보편성, 사도성) 가운데 특별히 사도적 개념을 탐구한 후에 "평신도를 깨운다"라는 명제를 확정하고 자신의 제자훈련을 시작했다. 제자훈련을 목회의 본질로 보고 이를 위해 '한 영혼 철학'을 마음에 품은 채 전력을 다한 것이다.

제자는 한 영혼의 가치를 아는 사람

'한 영혼'의 가치가 얼마나 될까? 미국의 유명한 전도자 빌리 선데이(Billy Sunday)에 따르면, 한 영혼을 구하는 데 필요한 비용이 1911년 보스턴에서는 450달러가 든다고 보았다. 그 후 교회들은 이 비용은 대폭 낮아져서 회중 교회는 한 영혼에 70달러, 침례 교회도 70달러, 감리 교회는 당황스러울 정도로 낮은 3.12달러로 계산했다고 한다.

그렇다면 21세기 한국 교회에서는 한 영혼을 구하는 데 어느 정도의 비용을 들이고 있을까? 대부분 목회자는 "한 영혼이 천하보다 더 귀하다"라고 말할 것이다. 하지만 실제로 목회 현장에서는 어떠한가? 한 영혼의 소중함을 알고, 그 한 영혼에 목숨을 거는 목회를 하고 있는가? 이 질문에 '그렇다'라고 자신 있게 답할 수 있는 목회자가 진짜 목회자라고 생각한다.

교회가 한 영혼에 초점을 맞추지 않으면 하나의 기업으로 전락한다. 오늘날 한국 교회가 세상에서 비난을 받는 가장 큰 원인은, 교회가 기업처럼 되었기 때문이다. 교회는 건물도 아니고 조직도 아니다. 교회는 사람이다. 그 말은 한 사람이 교회라는 말이며, 교회의 본질적인 사명은 그런 한 사람을 온전하게 세우는 데 있는 것이다. 한 사람을 세우는 일이야말로 교회의 사명이요 본질이다.

한 사람 철학의 회복

안타깝게도 한국 교회는 언제부터인지 한 사람의 소중함을 간과하고 '더 큰 교회'를 추구하는 쪽으로 방향을 선회했다. 그로 인해 많은 문제점이 생겼다. 이제부터라도 한국 교회는 한 사람을 세우는 일에 전력해야 한다.

'한 사람 철학'이란 무엇인가? 한 사람에게 생명을 거는 목회를 말한다. 한 영혼의 가치를 깨닫고 그들이 주님께 돌아오고 주님을 닮아가는 제자가 되기까지 시간과 돈, 정열 그리고 생명까지 바치는 목회를 하는 것이다.

예수님은 사마리아 여인 한 사람을 얻기 위해 유대인이 다니지 않는 길로 들어가셨다. 한 여인을 만나려고 일부러 사마리아 땅을 통과하셨다. 사람들의 눈초리와 오해에도 아랑곳하지 않고 사마리아 땅으로 들어가 그 여인을 만나고 구원하셨다.

누가복음 15장에서 주님은 비유를 통해 '한 영혼'의 소중함을 강조하셨다. 목자는 잃은 양 한 마리를 찾고자 그 양을 찾아낼 때까지 찾아다녔다.

"내가 너희에게 이르노니 이와 같이 죄인 한 사람이 회개하면 하늘에서는 회개할 것 없는 의인 아흔아홉으로 말미암아 기뻐하는 것보다 더하리라"(눅 15:7).

이것이 바로 주님의 마음이다. 하지만 목회를 하다 보면 솔직히 '한 사람 철학'은 잊어버린 채 해야 할 일과 눈앞의 성과에 빠져 지내기 쉽다. 적어도 나는 그랬다. 의식적으로 노력하지 않으면 한 사람 철학을 견지하기가 어려웠다. 과연 이 시대에도 그렇게 목회하는 것이 가능하기나 한 걸까? 너무 순진한 생각은 아닌가 하는 마음이 들 때도 있다. 우리는 어떻게 한 사람에게 생명을 거는 목회를 할 수 있을까?

첫째, 하나님 나라의 시각으로 한 사람을 보라.

제자도나 제자훈련을 이해하는 데 있어 가장 기본적이고 중요한 관점은 '하나님 나라'(Kingdom of God)이다. 이는 개인의 사사로운 야망이나 유익을 따르거나, 특정 공동체 혹은 탁월한 누군가의 성경 해석이나 인격에 기초하여 사람과 세상을 보는 것이 아니다. 하나님 나라를 위한 커다란 시각을 갖되, 한 영혼의 소중함과 가치에 주목하는 것이다.

예수님이 하나님 나라를 비유로 말씀하시면서, 아주 작은 것의 소중함을 일깨워주신 것도 이러한 이유에서였다. "또 비유를 들어 이르시되 천국은 마치 사람이 자기 밭에 갖다 심은 겨자씨 한 알 같으니 이는 모든 씨보다 작은 것이로되 자란 후에는 풀보다 커서 나무가 되매 공중의 새들이 와서 그 가지에 깃들이느니라"(마 13:31-32). 복음은 작은 것처럼 보이지만 성장하면 세상을 바꿀 가능성이 그 안에 있다.

목회 현장을 보면 탄탄대로를 걷는 목회자가 있는 반면, 가시밭길과 같은 척박한 목회 현장에서 열매가 보이지 않아 고뇌하는 목회자도 있다. 한 이민 교회 목사님은 이렇게 하소연했다. "지난 10년 동안 새벽마다 부르짖고 나름대로 설교 준비도 열심히 하고 최선을 다해 목회했습니다. 하지만 교회가 성장하기는커녕 교인 수가 감소하고 있습니다."

그런 이야기를 들으면 참 마음이 아프다. 하지만 한편으로는, 그분들이 다른 교회와 자신이 섬기는 교회를 비교하지 않았으면 하는 생각도 든다. 내 목회와 크고 잘되는 목회를 비교하다 보면 본질이 흐려지고 '한 영혼 철학'이 흔들리기 때문이다.

목회자도 인간인지라 눈에 보이는 것에 마음이 가기 쉽다. 성도의 수, 건물 크기, 주차장 면적, 교회 재정 등이 한 영혼보다 더 크게 보이는 것이 현실이다. 이런 요소들이 소중한 가치가 될 때 남과 비교하게 된다.

결국 목회는 가치관 싸움이다. 목회자는 자신의 가치를 따라 목회하는 법이다. 한 사람 철학이 어려운 이유는, 대부분 사람에게는 열이 하나보다 크고 백이나 천이 하나보다 더 가치 있기 때문이다. 한 사람 철학은 보이는 세계보다 보이지 않는 세계에 가치를 둔 사람만이 꾸준히, 끝까지 붙들 수 있다.

둘째, 야망이 아니라 목자의 심정으로 목양하라.

왜 한 사람 철학을 실천하는 것이 어려울까? 그것은 주님의 마음보다는 자신의 야망이나 개인적인 의도를 실현하려는 마음이 더 강하기 때문이다. 목자의 심정으로 목회하지 않을 때 나타나는 현상이 바로 '조급함'이다. 바쁘다 보니 시간적 여유가 없다. 자연히 마음의 여유도 없다. 그러니 영혼이 지치고 탈진한다. 하지만 한 사람이 제자로 서는 일은 단기간에 승부를 볼 수 있는 문제가 아니다. 시간과 헌신이 요구된다. 무엇보다 인내가 필요하다.

제자훈련을 받으면서 평소에 앓던 심한 공황장애 때문에 고생이 심했던 자매가 생각난다. 부부 사이도 어그러지고 자녀 양육도 힘들었다. 어느 날은 한밤중에 연락이 와 아내와 같이 찾아가 기도하고 찬송하고 말씀을 전하며 수차례 영적 전쟁을 치렀다.

최근 그 자매가 멀리 있는 내게 소식을 전해 왔다. "목사님, 요즘은 밝고 유쾌했던 저의 원래 모습을 많이 되찾았어요. 그동안 늘 뒤에서 기도해주시고 응원해주신 목사님과 사모님의 사랑을 잊을 수 없어요." 글을 읽는데 왜 그렇게 눈물이 나던지…. 이런 마음이 주님이 주시는 마음일 것이다.

나처럼 변화된 한 사람을 세워라

제자훈련은 한 사람 철학으로 목회할 수 있는 가장 좋은 환경을 만들어준다. 목회자가 소수의 성도에게 집중하면서 씨름할 수 있어서 좋다. 교회가 성장해서 성도가 늘어나면, 목회자와 성도가 개인적으로 만날 기회가 줄어든다. 그러면 자연히 목회자는 목양 마인드보다는 사장 마인드를 갖기 쉽다. 자칫 '복회'가 아닌 '기업 운영'을 하는 사람이 된다.

많은 사람이 기독교를 오해한다. 그저 예수 믿어 구원받고 축복받아 행복하게 사는 것쯤으로 생각한다. 하지만 그것은 기독교의 한 단면에 불과하다. 진짜 기독교는 내가 예수 믿고 변화를 받은 후, 나처럼 변화된 한 사람을 세우는 것이다.

만약 구원받아 잘 먹고 잘살다가 죽은 것으로 끝이라면 그건 반쪽짜리 인생이다. 예수님이 구원 사역을 완성하고 떠나시면서 제자들에게 맡기신 사명은 다른 사람을 세우라는 것이었다. 이를 위해 주님은 제자들이 홀로 서도록 여러 방법으로 준비시키셨다. 둘씩 짝을 지어 전도 훈련을 보내기도 하셨다. 승천하기 전에는 제자들에게 의미심장한 말씀을 주셨다.

"너희는 가서 모든 민족을 제자로 삼아 아버지와 아들과 성령의 이름으로 세례를 베풀고 내가 너희에게 분부한 모든 것을 가르쳐 지키게 하라. 볼지어다. 내가 세상 끝 날까지 너희와 항상 함께 있으리라 하시니라"(마 28:19-20).

예수님은 40일 동안 하나님 나라에 대해 가르치신 후 제자들만 남겨둔 채 하늘로 올라가셨다. 예수님의 모습을 직접 볼 수 없다는 사실은 제자들에게 있어 굉장히 두렵고 위축되는 일이었을 것이다. 하지만 이것마저도 그분이 의도하신 바였다. 예수님은 제자들을 홀로 설 수 있는 지도자로 세우신 것이다. 그리고 그들과 같은 또 다른 제자를 세우도록 명령하셨다.

한 사람 철학은 효율, 생산성, 경제성보다는 본질, 복음 그리고 하나님을 보게 한다. 한 명의 제자가 1년 동안 오직 한 사람에게만 집중해서 그를 그리스도의 제자로 살아가게 하는 일을 옆에서 지켜본다고 해보자.

1년을 투자해서 겨우 한 명을 얻는다니 얼마나 답답하게 느껴질까? 하지만 제자가 된 그 한 사람이 또 다른 한 사람을 주님께로 인도하면, 2년이 지났을 때는 네 명이 된다. 같은 계산법으로 매년 한 사람씩 그리스도께로 인도하고 그를 제자로 삼는다면, 24년이 지났을 때는 매일 1,000명씩을 주님께로 인도하는 큰 열매를 맺는다.

이것이 재생산이다. 한 사람의 제자가 둘이 되고, 둘이 넷이 되고, 넷이 여덟이 되는 승법 번식(Multiplication)이 일어나는 것이다. 오늘날 교회 안에 이런 재생산의 법칙만 제대로 실행되어도 세계 복음화는 수년 내에 이루어질 것이다.

한 사람에게 초점을 맞춰 제자 삼는 일이 비록 당장은 미련해 보이고 비효율적으로 생각되더라도, 그것은 본질을 추구하는 것이며 예수님의 지상명령을 성취하는 가장 좋은 방법이다. 그런

목사님, 제자훈련이 정말 행복해요

의미에서 제자훈련이야말로 한 사람 철학을 실천할 수 있는 가장 치열한 현장인 셈이다.

2부 제자, 세상에서 가장 행복한 사람들

성도를 성도답게,
사람을 사람답게

　　나에게는 존경하는 두 분의 스승이 있다. 한 분은 초등학교 5학년 때 담임이었던 이종춘 선생님이다. 그분의 가르침 중에 아직도 기억나는 것이 있다. "사람이면 다 사람인가? 사람다워야 사람이지!" 여기에서 '사람'을 '성도'로 바꾸어도 좋다. "성도면 다 성도인가? 성도다워야 성도지!"

　　또 한 분은 옥한흠 목사님이다. 목사님은 늘 '온전한 제자'가 되도록 도전하셨다. 신일교회에 부임한 후에 가끔 목사님께 인사를 드릴 때가 있었다. 메일을 통해 목회에 관해 조언을 구하기도 했다. 워낙 바쁘신 분이어서 전화를 드린다는 것은 부담이 되었기에 택한 소통 방법이었다. 내가 메일을 드릴 때마다 목사님은 꼭 답장을 해주셨다. 공적인 모임에서 만날 때도 "이 목사, 목회는 잘하고 있지? 교회는 많이 부흥하고 있고?" 하시며 관심을 보이셨다. 목회 초년병이었던 나에게 목사님의 한 마디 한 마디는 정

목사님, 제자훈련이 정말 행복해요

말 큰 힘이 되었다.

부임 후 2년이 지난 어느 날 목사님을 찾아뵙고 싶어 아내와 함께 방문했다. 목사님은 정말 반갑게 우리 부부를 환영해주셨다. "이 목사, 그 교회 간 지 얼마나 됐나?" 하고 물으셨다. "네, 이제 2년이 되었습니다"라고 했더니 "그래, 목회는 좀 어때?" 하고 물으셔서 이런저런 말씀을 드렸다.

그런데 몇 마디를 나누고 목사님이 갑자기 "우리 같이 식사하러 가자" 하고 말씀하시는 것이 아닌가? 순간 귀를 의심했다. 사랑의교회 부교역자 시절에도 목사님과 식사하는 것은 무척 어려운 일이었기 때문이다. 목사님의 음성이 정말 다정하게 들렸다. 그날 목사님이 사주시는 설렁탕을 먹으며 많은 이야기를 나누었다. 지금도 그날의 설렁탕을 잊을 수가 없다.

생각해 보니 두 분 모두 '사람'에 관해 가르쳐주신 것이다.

온전함으로 나아가는 길

시간이 지난다고 해서 사람이 저절로 성숙해지는 일은 없는 것처럼, 교회를 오래 다닌다고 해서 저절로 온전해지는 법도 없다. 온전한 성도는 그냥 되지 않는다. 훈련을 통해 만들어진다. 온전한 성도는 끊임없는 훈련과 연습으로 빚어지는 것이다.

성경에서 '온전'은 헬라어로 '카타르티스모스'(*katartismos*)인데, 원래 이 단어는 의학 용어였다. 뼈가 부러졌을 때 뼈를 맞추어 원래 모습으로 돌아오게 하는 것을 뜻했다. 겉으로 볼 때 허리가 곧아 보이는 사람도 대부분 약간씩은 굽어 있다고 한다. 미국에 있을 때 카이로프랙틱 전문 병원에 간 적이 있었다. 우리말로는 '추나요법'이라고 하는데, 그곳에서 허리를 진찰한 결과 나 역시 많이 비뚤어져 있는 상태임을 알았다 그것도 모르고 정상인 것처럼 살아왔던 것이다.

마찬가지로 성도가 온전하게 되는 일이란 하나님이 우리를 창조하신 그 원형으로 돌아가는 것이다. 예수님을 알기 전, 우리는 모두 영적으로 왜곡되었고 비정상이었다. 우리의 영혼은 온전하지 않았고 멸망으로 향하고 있었다. 바울은 인간이 모두 죄인이며, 온전하지 않음을 알았다. 그래서 인간이 하는 모든 행동이 악하다고 설파한다.

"다 치우쳐 함께 무익하게 되고 선을 행하는 자는 없나니 하나도 없도다. 그들의 목구멍은 열린 무덤이요 그 혀로는 속임을 일삼으며 그 입술에는 독사의 독이 있고 그 입에는 저주와 악독이 가득하고"(롬 1:12-14).

하나님은 그런 우리를 구원하셔서 거룩하게 하셨다. 우리는 '거룩한 무리', 즉 '성도'로 부르심을 받으며 살아간다. 그렇게 주님을 만나 거룩한 하나님의 자녀가 되었지만 여전히 변화되어야 할 부분이 많다. 그러므로 우리는 그 부르심에 걸맞은 수준으로 계속해서 자라가야 한다. 거룩함을 지켜야 한다. 이것이 온전해지는 길이다.

"내가 이미 얻었다 함도 아니요 온전히 이루었다 함도 아니라. 오직 내가 그리스도 예수께 잡힌 바 된 그것을 잡으려고 달려가노라"(빌 3:12).

바울도 온전함을 위해 계속 달려갔다면 우리야 더 말할 나위가 있겠는가? 성도는 계속해서 온전해져야 한다.

제자훈련을 받아도 잘 변하지 않는 이유

신일교회에 부임한 후 지금까지 제자훈련을 해오면서 한 가지 풀리지 않는 숙제가 있었다. 제자훈련을 받아도 변화되지 않는 성도들이 더러 있다는 점이었다. 이것은 나에게 정말 큰 숙제요 고민이었다. 왜 제자훈련을 받아도 그대로일까?

어느 날 아내와 함께 대화하면서 그 원인 중 하나를 발견했다. 그것은 속사람을 치유하지 못했기 때문이었다. 마음에 아직도 미움이 가득하고 상처가 많다. 어렸을 때 부모에게 받았던 상처, 형제자매 혹은 가까운 사람들에게 받은 상처로 마음이 어둡다. 거기에 최근에 받은 상처도 해결되지 않고 쌓여만 간다. 성경을 암송하고 묵상하면서 말씀 훈련을 받을 때는 마치 변화되는 것처럼 보인다. 그러나 결정적인 순간이 되면 다시 옛날 감정이 나온다. 옛 습관으로 돌아간다.

가령 뼈가 부러졌는데 의사가 제대로 진단을 하지 않고 처방해서 소염제나 진통제만 먹었다고 하자. 그 순간은 아픔이 가시는 것 같지만, 근본적인 문제가 해결되지 않았기 때문에 이내 통증은 재발한다.

오늘날 너무나 많은 성도가 과거에 얽매여 있다. 마음이 삐뚤어져 있거나 병든 분들도 많다. 마음의 병이 오래되면 우울증이 온다. 마음에 남아 있는 심각한 상처는 영적 성장을 방해한다. 이런 분들에게 필요한 것이 내적 치유다. 목회를 해보니 치유가 필요한 분들이 뜻밖에 많았다. 이런 분들은 마음의 문을 열고 주님께서 상처를 어루만지도록 해야 한다. 다윗의 고백을 들어보라.

"여호와는 마음이 상한 자를 가까이하시고 충심으로 통회하는 자를 구원하시는도다"(시 34:18).

모든 사람의 마음속에는 독이 있다. 이 독이 우리의 영적 성장을 막는다. 성경은 이 독을 '쓴 뿌리'라고 말한다.

"너희는 하나님의 은혜에 이르지 못하는 자가 없도록 하고 또 쓴 뿌리가 나서 괴롭게 하여 많은 사람이 이로 말미암아 더럽게 되지 않게 하며"(히 12:15).

이런 '쓴 뿌리'가 '단 마음'으로 바뀔 때 우리는 비로소 온전함으로 가는 길에 들어설 수 있다. 변화가 시작된다. 우리는 이미 성도지만 성도답지 못할 때가 있다. 내가 잘못되었다는 것을 알아야 한다. 그리고 치유받아야 한다. 교정이 되어야 한다.

제자훈련의 무게중심 1: 성품과 능력의 균형

진정한 제자도는 전인적(holistic)이다. 이것이야말로 제자도의 핵심이다. 온전한 제자로 살아가는 사람을 보면 삶의 여러 분야에서 균형이 잡혀 있음을 볼 수 있다.

성품과 능력의 균형은 성령의 열매와 은사의 균형이기도 하다. 성품은 제자의 기초 체력이다. 능력이 아무리 뛰어나도 성품이 나쁘면 오래가지 못한다. 품성, 인격, 성품은 모두 같은 의미로 사용된다. 인격이라는 뜻의 영어 단어 '캐릭터'(character)는 고대에 벽돌 제조자나 조각가와 같은 장인들이 자신이 만든 작품에 개별적으로 증거를 표시한 데서 유래했다고 한다.

그런 의미에서 리더의 성품은 자신이 순간순간 만들어내는 하나의 '작품'이라고 할 수 있다. 따라서 리더들은 매사에 자신의 언행을 책임지는 습관을 길러야 한다. 그것이 인격이 되기 때문이다. 19세기 미국 최고의 설교자인 필립스 브룩스(Phillips Brooks)의 말대로 인격은 우리 삶의 작은 순간마다 형성된다. 성품은 하루아침에 이루어지는 것이 아니다. 오랜 시간에 걸쳐 피나는 노력과 훈련을 통해 이루어지는, 지루하고 기나긴 작업이다.

찬다필라(P.T. Chandapilla)는 그의 책 《예수님의 제자훈련》(IVP, 2015)에서 제자도의 핵심은 성품이라고 주장한다. "그리스도의 제자훈련을 연구할 때 그분의 인격을 중심에 두지 않으면 우리는 모든 것을 잃고 만다."

제자훈련의 성패는 결국 인격에서 결판난다. 소그룹 리더의 성패 역시 진정성 있는 성품에 달려 있다. '진실성'이라는 뜻의 영어 단어 '인테그리티'(integrity)에는 '전체, 완성, 완전'의 의미가 있다. 그리스도인은 리더이기 전에 먼저 한 사람의 그리스도인, 즉 인간이 되어야 한다. 성숙은 모든 그리스도인에게 부여된 의무이자 사명이다.

한편 성품과 균형을 이루어야 할 것이 있는데 이것이 바로 '능력'이다. 그리스도인에게 성품은 기초가 되며, 이 위에 능력이 요구된다. 요셉은 보디발의 집에서 일하는 노예였다(창 39:4). 옥에 갇혀서도 간수장은 옥중 죄수를 다 요셉의 손에 맡겼다(창 39:20-23). 그 이유가 무엇이었을까? 자기 일에 최선을 다했기에 가는 곳마다 인정을 받은 것이다. 그는 노예였을 때부터 이집트 언어를 익혔다. 10대에 외국어를 마스터하는 일이 결코 쉽지 않았겠지만, 총리의 자리에 올랐을 때 유창하게 이집트어를 구사할 정도로 평소에 준비했다. 요셉은 성품과 능력 면에서 고루 균형을 갖춘 인물이었다. 이처럼 리더는 자신의 은사를 통해 문제를 해결해나가는 실제적인 능력을 보여주어야 한다.

제자훈련의 무게중심 2: 가정과 사역의 균형

가정 사역과 교회 사역 중 어떤 것이 우선일까? 한마디로 답하기가 쉽지 않다. 전통적으로 한국 교회는 목회자뿐 아니라 평신도도 교회 사역에 더 비중을 둔다. 반면 미국 교회는 가정 사역이 교회 사역보다 우선이라고 가르치는 경향이 있다. 가정에서는 아버지

목사님, 제자훈련이 정말 행복해요

역할을 할 사람이 자신뿐이지만, 교회의 목사 역할은 자기가 아니어도 다른 사람이 얼마든지 감당할 수 있다는 논리다.

실제로 탈봇 신학교의 보에스마 교수가 해준 재미있는 이야기가 있다. 자신이 목회할 때였는데, 어느 날 주일예배를 드린 후 전교인 야유회를 다녀와서 저녁 예배를 드릴 무렵이었다고 한다. 그런데 온종일 바깥 활동으로 지친 아내는 "오늘 몸 상태가 좋지 않고 아이들도 피곤해하니 (저녁 예배 안 드리고) 집에 가서 쉴세요"라고 했고, 그분도 주저하지 않고 그러라고 했다는 것이다. 한국에서라면 구설에 오를 수도 있는 일이다.

성경은 어떻게 말씀하는가? 고린도전서 14장 40절에서 사도 바울은 "모든 것을 품위 있게 하고 질서 있게 하라"라고 권면한다. 여기에서 "품위 있게"와 "질서 있게"라는 말에는 '극단적으로 치우치지 말라'는 의미가 담겨 있다. 당시 고린도 교회 안에는 극단적으로 봉사하는 부녀자들이 있었던 것 같다. 그래서 바울은 고린도 성도들을 향해 열심을 내되 정도를 넘지는 말 것을 당부했다. 또한 교회 봉사를 한다면서 가정을 돌보지 않는 위험도 지적한다. 디모데전서 5장 8절에서는 자기 가정을 돌보지 않는 사람을 두고 "불신자보다 더 악한 자"라고 말한다.

물론 자신과 가정을 희생하면서까지 섬기는 일은 참으로 아름답고 귀하다. 하지만 가정에 충실하지 못한 상황이라면 분명 문제가 생기게 마련이다. 가정이 건강하지 못한 리더에게서 건강한 공동체를 기대하는 것은 어렵기 때문이다. 따라서 리더들은 가정과 사역 사이에 균형을 잡아야 한다.

제자훈련의 무게중심 3: '안으로'와 '밖으로'의 균형

모든 제자훈련은 '안으로'와 '밖으로'가 균형을 이루어야 한다. '안으로' 사역은 서로 교제하고 섬기는 훈련을 말한다. 초대 예루살렘 교회 성도들을 보라. 서로 가르침을 받아 교제하고 떡을 떼며 함께 기도하기를 힘썼다(행 2:42). 동시에 그들은 복음 전파에 목숨을 걸었다. 베드로를 비롯한 사도들은 항상 세상을 향해 열려 있었다.

'밖으로' 사역은 어떠한가? 예수 그리스도는 하늘 보좌를 버리시고 세상에 오셨다. 그리고 하나님이 자신을 보내신 것처럼 제자들을 세상에 보내신다고 하셨다(요 17:17). 그리스도께서 우리가 사는 세상에 들어오신 것처럼 우리도 사람들 속으로 들어가야 한다. 예수님은 제자들에게 "가서 제자 삼으라"라고 명하셨다. 이것이야말로 가장 위대한 지상명령이다.

신앙이 성장하려면 이 둘 사이에서 균형을 잡아야 한다. 탁월한 지도자는 조화와 균형을 잡을 줄 안다. 우리의 영원한 스승 예수 그리스도는 가장 완벽한 균형과 조화를 보여주셨다.

제자훈련의 목표: 그리스도의 장성한 분량까지

요즘 내 모습을 보면 문득 예전 아버지의 모습을 보는 것 같다. 그럴 때면 정말 깜짝 놀란다. 그런데 더 놀라운 사실은 아들에게서 나를 보게 된다는 점이다. 나만 그런 게 아니라 주변에서도

"재원이가 아빠를 꼭 빼닮았어요"라고 말한다. 아이들은 싫든 좋든 부모의 모습을 닮게 마련이다.

영적인 세계에서도 이 법칙은 그대로 적용된다. 이 땅에서 구원받은 성도의 신앙 목표는 예수 그리스도처럼 되는 것이다. 신앙생활을 오래 할수록 우리 안에 예수 그리스도의 모습이 더욱 뚜렷하게 나타나야 한다. 결국 제자도는 그리스도를 닮아가는 것이기 때문이다.

그렇다면 우리는 어느 정도까지 예수 그리스도를 닮아야 하는가? 사도 바울은 '그리스도의 장성한 분량'까지라고 말한다. 이는 30대 초반의 남성, 온전히 성장하고 성숙한 남성의 체구를 의미한다. 한마디로 부족함이 없는 상태다. 예수님만큼 스케일이 크고, 예수님처럼 아름답고, 예수님처럼 인격이 변화되고 거룩해지는 것이 우리의 목표다.

제자훈련의 방법: 진리와 사랑으로

그렇다면 어떻게 하면 이런 수준에까지 그리스도를 닮아갈 수 있을까? 성경은 진리와 사랑, 두 가지를 제시한다. 바울 식대로 하자면 "사랑 안에서 참된 것을 하라"는 것이다. 즉, 사랑 가운데서 진리대로 살고, 사랑으로 진리를 말하라고 권면한다.

> "오직 사랑 안에서 참된 것을 하여 범사에 그에게까지 자랄지라. 그는 머리니 곧 그리스도라"(엡 4:15).

그리스도를 닮아가려면 진실해야 한다. 진리가 필요하다. 참되어야 한다. 그러나 이 모든 것을 사랑 안에서 그렇게 해야 한다. 따라서 그리스도를 닮으려면 진리와 사랑이 함께해야 한다. 아무리 진리가 충만하더라도 사랑이 없으면 그 진리로 많은 사람을 다치게 할 수 있다. 결국 '신 바리새인'이 된다. 그리스도를 닮아가려면 진리와 사랑이 조화를 이루어야 한다.

그리스도를 닮아가면 사람이 진실해진다. 결국 사랑 안에서 진실한 사람이 그리스도를 닮은 사람이다.

"예수께서 이르시되 내가 곧 길이요 진리요 생명이니 나로 말미암지 않고는 아버지께로 올 자가 없느니라"(요 14:6).

"빛의 열매는 모든 착함과 의로움과 진실함에 있느니라"(엡 5:9).

사탄은 우리가 진실하게 살지 못하도록 부추긴다. 진리로 충만하지 못하게 방해한다. 사탄은 '거짓의 아비'이기 때문이다.

"뱀이 그 간계로 하와를 미혹한 것같이 너희 마음이 그리스도를 향하는 진실함과 깨끗함에서 떠나 부패할까 두려워하노라"(고후 11:3).

한 장로님에게 청년 시절 처음으로 깊이 사랑했던 어떤 여인이 있었다. 하지만 여자 집안에서는 그의 경제력이나 학력이 부족하다는 이유로 반대했다. 결국 두 사람은 헤어질 수밖에 없었다.

그런데 30년이나 지난 어느 날, 그 여자에게서 연락이 왔다. 심지어 장로님이 어디서 무슨 일을 하며 사는지도 다 알고 있었다. 또한 여자는 남편과 사별하고 홀로 된 처지였다. 물론 장로님은 행복하고 충실한 결혼생활을 하고 있었다.

헤어진 후 오랜 세월이 지났지만, 전화로 목소리를 듣자 꼭 한 번 보고 싶다는 생각이 들었단다. 하지만 그 순간 이런 생각에 정신이 번쩍 들었다. "내가 죄를 범해서 미끄러지면, 나를 믿고 세워주신 하나님과 교회 앞에, 그리고 성도들 앞에서 남은 인생을 어떻게 고개 들고 살겠는가?" 결국 장로님은 그를 만나지 않았다. 진실을 선택한 것이다.

오늘날 한국 교회에는 진실한 제자가 필요하다. 신앙생활을 하면서 어떤 이해관계나 이익 때문이 아닌, 진정으로 주님을 사랑하며 살아가는 사람은 과연 얼마나 될까? 목회자인 나도 온전히 진실하게 살기가 쉽지 않다.

"너는 진리의 말씀을 옳게 분별하며 부끄러울 것이 없는 일꾼으로 인정된 자로 자신을 하나님 앞에 드리기를 힘쓰라"(딤후 2:15).

제자도는 진리가 생명이다. 고민이 되는 상황을 만났다면 진리를 선택하라. 아무리 손해가 되더라도 그렇게 해야 한다. 진리와 상관없는 사람은 제자가 아니다. 제자는 진리 앞에 서야 하며, 거짓이 아닌 진리로 승부를 내야 한다. 마음에 내키지 않더라도 진실을 위해 그렇게 해야 한다.

제자의 일상: 사랑 안에서 행하는 삶

진리만 강조하면 자칫 함부로 휘두르는 칼이 될 수 있다. 다른 사람을 정죄하고 판단하면서 깊은 상처를 남기는 것이다. 그러므로 진리는 사랑 안에서 적용되어야 한다. 우리가 그리스도를 닮아가려면 사랑해야 한다. 사랑 없는 제자도는 지식이자 이론일 뿐이요, 허상에 불과하다. 그리스도를 닮아갈수록 사랑이 풍성해진다. 정말로 그리스도를 닮은 사람에게서는 십자가 사랑이 흘러넘친다.

나는 제자도의 완성이 사랑에 있다고 생각한다. 요한복음을 보면 예수님은 제자들과 마지막 시간을 함께 보내면서 "서로 사랑하라"라고 명령하셨다.

"새 계명을 너희에게 주노니 서로 사랑하라. 내가 너희를 사랑한 것같이 너희도 서로 사랑하라. 너희가 서로 사랑하면 이로써 모든 사람이 너희가 내 제자인 줄 알리라"(요 13:34-35).

요한은 제자도를 '서로 사랑하는 것'이라고 표현했다. 최고의 선은 결국 사랑이다. "그런즉 믿음, 소망, 사랑, 이 세 가지는 항상 있을 것인데 그중의 제일은 사랑이라"(고전 13:13). 사랑이 없으면 가짜일 가능성이 크다. 말세가 다가올수록 사랑이 식어진다(마 24:12). 예수님이 바리새인을 책망했던 결정적인 이유도 이것 때문이었다. 우리는 진리와 사랑 사이에서 균형을 맞추어야 한다.

오스왈드 챔버스(Oswald Chambers)가 쓴 《그리스도인의 제자훈련》(토기장이, 2011)을 보면, 한 중국 선교사에 대한 이야기가 나온다. 그녀는 선교지에서 남편과 자녀를 잃었는데, 모든 것이 사라진 것 같은 고통에 휩싸였다. 그 시절을 회상하며 선교사는 이렇게 말했다. "아무것도 느낄 수 없었어요. 기도할 수도 없었고요. 슬픔이 가득 밀려와 정신이 멍했지요."

이런 상황에서 가장 큰 슬픔과 고통을 준 사람들은 다름 아닌 '왜', '어디서' 이런 슬픔이 시작되었는지 성경 구절을 들이밀던 사람들이었다. 그녀는 이렇게 기도했다. "주여, 이 사람들을 얼마나 참아야 하나요? 얼마나 더!" 어느 날도 그렇게 지쳐서 엎드려 있는데 남편이 생전에 가까이 지내던 나이 지긋한 목사님이 오셨다. 그분은 아무 말도 하지 않고, 다만 그녀의 머리를 감싼 후 조용히 떠나셨다. 그때부터 그녀의 마음이 치유되기 시작했다. 이것이 사랑이다.

이제 성장을 추구하고 큰 예배당을 짓고 교육관 건축에 사활을 거는 식의 목회는 시대 흐름에 역행하는 일이다. 그렇다면 이 시대 우리에게 주어진 사명은 무엇일까? 그리스도를 닮아 진리 안에서 사랑을 실천하는 '작은 예수'가 되는 것이 아닐까?

목사의 행복은
어디에서 오는가

나는 제자훈련을 할 때마다 성도들을 통해 많은 은혜를 받는다. 이들이 세상에서 얼마나 치열하게 살아가는지 알기 때문이다. 그리스도인으로서 유혹을 물리치기 위해 얼마나 몸부림치는지 본다. 그들의 분투는 목회자에게도 감동을 준다. '내가 평신도였다면 이렇게 치열하게 살 수 있을까?' 하는 생각이 들게 하는 분들이 적지 않다.

행복한 목사가 되다

나는 충청남도 서천에서 가난한 농부의 맏아들로 태어났다. 그때만 해도 우리나라는 대부분 가정이 가난했다. 제대로 먹지도 못했고, 환경도 열악했다. 9월에 태어났던 나는 겨울이 오자 폐렴에 걸렸다. 오늘날에는 폐렴이 큰 병은 아니지만, 당시만 해도 무서운 병이었다. 생후 6개월이 채 되지 않아 폐렴에 걸린 나는 제대로 호흡을 못 해 사선을 넘나들었다. 부모님은 그런 나를 담요에 싸서 병원으로 데려갔다. 당시 서천에는 병원이 없어 군산까지 가야만 했다.

의사는 나를 보더니 아무래도 힘들 것 같다고 고개를 저었다. 하지만 부모님은 포기하지 않고 여관에 가서 밤을 새워 기도하셨다. 그때 서원 기도를 드리셨다. 내 의사와는 상관없이 일방적으로 나를 목사로 서원하신 것이다. 날이 밝자마자 다른 병원으로 나를 옮기셨다. 그곳에서 의사는 "이 주사를 한번 맞아보고 살아나면 다행이지만 그렇지 않으면 어쩔 수 없습니다"라고 했다. 다행히 주사를 맞은 후 얼굴에는 조금씩 생기가 돌아왔고, 호흡도 정상으로 하면서 살아나기 시작했다. 기적이 일어난 것이다. 하나님은 그렇게 나를 살려주셨다.

그 후로 나는 '목사가 돼야 할 사람'이었다. 그래서인지 어려서부터 내 꿈은 항상 목사였다. 학교에서는 공부도 제법 잘하고 모범생이었다. 하지만 대학에 입학한 후 그런 꿈이 흔들리기 시작했다. 목회자가 되는 것이 싫었다. 더 모양새 나는 것을 하고 싶었다. 아나운서나 외교관이 되고 싶었다. 하지만 항상 2퍼센트가 부족했던 나는 외무고시에 합격할 정도로 공부를 잘하진 못했다.

대학교 4학년이었던 1988년, 나는 아무런 기대 없이 교회 여름 수련회에 참석했다. 사진에나 나올 만한 바닷가에 위치한 아름다운 교회에서 수련회를 한다는 말에 귀가 솔깃했다. 기대했던 대로 강원도 고성에 있는 교회는 정말 아름다웠다.

2부 제자, 세상에서 가장 행복한 사람들

그런데 수련회 첫날에 하나님이 나를 만지셨다. 강사 목사님이 전하시는 말씀 한 구절마다, 아니 단어 하나하나까지도 모두 내게 주시는 말씀으로 들렸다. 당시 나는 엄청나게 교만했다. 자기 잘난 맛에 살았다. 내가 정말 착한 줄 알았다. 하나님은 그날 말씀을 통해 내가 얼마나 나쁜 놈인지 깨닫게 하셨다. 나는 바리새인처럼 겉과 속이 다른 이중인격자였다. 겉으로는 의롭고 정직하고 모범생이었지만, 속은 온갖 쓰레기로 가득했다. 자기만 아는 이기주의자였다. 거짓말도 많이 하고, 시험 볼 때 커닝도 했다. 수많은 죄악이 생각나서 도저히 견딜 수가 없었다.

수련회가 끝난 후에도 몇 시간을 통곡하면서 회개했다. 하나님이 그날 나를 불러주셨다. 거듭나고 중생한 하나님의 아들로 불러주셨다. 그리고 그 자리에서 목사가 되기로 결단했다. 이제는 부모님의 서원 때문이 아니라 하나님이 나를 불러주셨기 때문에 목사가 되겠다고 서원했다.

그 후 지금까지 한 번도 목사가 된 것을 후회해본 적이 없다. 늘 감사와 은혜로 이 사명을 감당해오고 있다. 내가 부족한 것이 문제일 뿐, 나를 불러주신 하나님의 은혜는 정말 놀라울 따름이다. 목사로 산다는 것은 참 행복하고 감사한 일이다.

행복한 목회의 비결

언젠가 미국 메이저리그에서 활약하는 추신수 선수와 나누는 인터뷰 장면을 본 적이 있다. 대담 막바지에 사회자는 이렇게 물었

목사님, 제자훈련이 정말 행복해요

다. "추신수 선수, 행복하세요?" 그러자 그는 자신 있게 대답했다. "네, 정말 행복합니다."

순간 사회자는 놀라움을 감추지 못했다. 지금까지 자신이 인터뷰한 사람 중에 '정말 행복하다'라고 답한 경우가 거의 없었기 때문이다. 솔직히 나도 놀랐다. 물론 그는 많은 것을 성취하고 돈도 많이 벌었다. 하지만 추신수가 행복하다고 말한 이유는 돈이나 영향력 때문이 아니었다. 우선 그는 가족이 있어 행복하다고 했다. 사랑하는 아내와 두 아들 덕분에 정말 행복하다고 했다. 그리고 하고 싶은 운동을 마음껏 하고, 자신을 응원해주는 팬들이 있어 행복하다는 것이다. 이런 조건이라면 정도의 차이는 있겠지만 우리 모두가 삶에서 어느 정도 경험하는 것이 아닐까?

한때 나도 다른 목사들과 비교하면서 열등감에 빠진 적이 있었다. '아파트가 많은 지역에서 목회해보았으면…', '젊은이들이 많은 중산층 지역에서 목회했으면 더 잘했을 텐데…' 등등. 지금 돌아보면 참 어리석기 짝이 없는 생각이다.

지금 내가 목회하는 성도들이 내게는 최상의 사람들이다. 그들을 위해 나를 부르셨다. 나에게 신일교회 성도들은 오히려 과분한 분들이다. 그들이 있기에 행복하다.

어머니가 팔순이 되시던 해, 형제들이 부모님을 모시고 함께 제주도 여행을 하기로 오래전에 계획을 세웠다. 그런데 출발하기 전날 갑자기 장례를 치러야 할 상황을 만났다. 부족한 목사를 많이 사랑해주시던 집사님 한 분이 오랜 투병 끝에 주님 품에 안긴 것이다. 순간 '어떻게 하지?' 하는 고민이 잠깐 들었지만 '목사가 여행 가겠다고 어떻게 성도의 장례를 외면할 수 있겠나?' 하는 생각에 여행을 포기할 수 있었다.

처음으로 설날 명절을 혼자 보냈다. 설날 아침, 새벽기도회에 다녀와서 혼자 떡국을 먹었다. 처량할 줄 알았는데 오히려 재미있었다. 다음 날 집사님 한 분으로부터 메시지가 왔다. '목사님, 아침 식사는 어떻게 하셨는지 모르겠네요. 다른 일정이 없으시면 점심 식사 어떠신지요?' 보통 때 같으면 사양했을 텐데, 그날은 그 집사님이 참 고마웠다. 그래서 몇 가정과 함께 영흥도에 가서 즐겁게 지냈다.

돌아오는 길에 성도들이 마치 내 가족처럼 느껴졌다. 내가 정말 행복한 목회를 하고 있다는 생각이 들었다. 그날따라 신명기 말씀이 마음에 깊이 다가왔다. "이스라엘이여 너는 행복한 사람이로다"(신 33:29). "주님, 저는 정말 행복한 목사입니다."

목회(牧會)가 무엇인가? 성도들을 가르치고 훈련하여 그리스도의 제자로 세우는 것이다. 이 말대로라면 세상에 목회처럼 거룩하고 존귀하며 아름다운 일은 없다. 목사처럼 행복한 사람은 찾기 어려울 것이다.

하지만 이 시대의 목회자들이 모두 다 이런 행복을 느끼고 있을까? 일반적으로는 교회가 성장하고, 성도들이 많이 모이고, 목사의 인지도가 커지는 데에 행복의 기준을 두는 경우가 많다. 특히 한국 교회는 이런 외적인 기준이 뚜렷하다. 그런데 막상 행복할 것 같은 목사를 만나보면, 그들의 입에서 "나는 정말 행복한 목사입니다"라는 고백이 나오는 경우가 흔치 않다.

목사님, 제자훈련이 정말 행복해요

결국 목사의 행복은 '그 마음이 무엇으로 가득한가'로 결정되기 때문이다. 목사의 마음에 성공, 성장, 인기, 명예, 돈이 가득하다면 그는 점점 행복과는 멀어지는 인생을 살 수밖에 없다. 현실이 힘들고 고달파도 예수로 충만해야 행복하다. 결국 목회의 목적은 예수 그리스도가 아닌가? 목사가 행복해야 회중들도 행복하다는 사실을 잊지 말자.

"오늘은 훈련 안 합니다!"

나는 주변 사람들로부터 성품이 좋다는 얘기를 듣곤 한다. 하지만 그런 나에게도 약점이 많다. 그중에 하나는 조급하다는 것이다. 목회 초기에는 이런 성격이 그대로 나타나곤 했다.

여 제자반 2기 목요반 훈련 때의 일이었다. 숙제를 점검해보니 상태가 별로 좋지 않았다. 성경 읽은 양도 대부분 형편없고, 기도 시간도 짧아 영 마음에 들지 않았다. 순간 '욱'하는 마음이 올라왔다. "여러분, 이렇게 하면서 어떻게 변화를 원하세요? 오늘은 훈련 안 합니다" 하고 문을 확 닫고 나와버렸다. 그리고 내 방에 들어왔는데 마음이 영 편치 않았다.

너무 마음이 아파서 30분쯤 있다가 다시 가보니 훈련생들이 보이지 않았다. '아니, 어디를 간 거지?' 하고 찾아보았더니 교회 지하실에 모여 기도회를 하는 게 아닌가? 잘 들어보니 회개 기도였다.

나도 문밖에서 함께 기도했다. "하나님, 이렇게 못난 목사에게

2부 제자, 세상에서 가장 행복한 사람들

훈련을 받고 있는 저들에게 은혜를 내려주소서. 그리고 제가 먼저 주님을 닮는 제자가 되게 해주세요." 기도하는데 얼마나 눈물이 났는지 모른다. 나중에 생각해보니 당시가 5월이어서 가정대소사두 많고 마음두 풀리기 쉬운 시기였는데 그건 이해하지 못한 것이다. 그 일만 생각하면 아직도 얼굴이 화끈거린다. 지금은 훈련 시간에 와주는 것 자체로 감사하다. 그리스도의 제자가 되겠다고 자원한 그분들이 얼마나 소중하고 존귀하게 느껴지는지 모른다.

이제 웬만한 일에는 화를 내지 않는다. 훈련도 엄하게 시키는 것보다는 사랑으로 하려고 한다. 얼마 전 제자반에 들어온 한 집사님은 이렇게 말했다. "목사님을 가까이서 뵙고 직접 훈련을 받아보니 이렇게 인자하신 분인 줄 몰랐어요." 칭찬인지 욕인지 잘 모르겠다. 하지만 나도 많이 바뀌었다는 생각이 든다. 제자훈련을 꾸준히 하면서 받은 은혜다.

테니스와 제자훈련

나는 테니스를 매우 좋아한다. 재미도 있고 건강을 위해서이기도 하지만, 사실 테니스를 치면서 비신자들을 만날 수 있기 때문이다. 테니스를 치면서도 제자훈련을 많이 생각한다. 테니스와 제자훈련에는 공통점이 많다.

우선 제자훈련이나 테니스 모두 '폼'(자세)이 좋아야 한다. 테니스는 실력이 금방 늘지 않는 운동이라고 한다. 정확한 자세를 만드는 데 상당한 시간과 연습이 필요하기 때문이다.

테니스는 자세가 나쁘면 실력이 붙지 않는다. 나 역시 유학 시절인 1997년부터 테니스를 쳤으니 구력이 20년 가까이 되어간다. 하지만 실력은 별반 나아지지 않았다. 알고 보니 폼이 문제였다. 그래서 몇 해 전부터는 레슨을 받기 시작했다. 일주일에 네 번, 15분씩 레슨을 받으며 코치의 말대로 자세를 고쳤다.

코칭을 받으면서 나의 문세가 무엇인지 알게 되있는데 바로 왼손이었다. 테니스에서 왼손은 오른손을 받쳐주는 역할을 한다. 오른손으로만 테니스를 치면 정확하지 않다. 또 한 가지 문제는 스윙을 한 후 끝까지 팔로우 업(follow-up)을 하지 않았던 데 있었다. 이런 문제를 발견하고 자세를 집중적으로 고치기 시작하자 신기하게도 점차 실력이 좋아졌다. 최근에는 서비스가 되지 않아 혼자 연습을 하는데 코치가 딱 한 마디를 해주었다. 코치의 말대로 하자 서비스가 눈에 띄게 좋아졌다.

그 순간 '아하! 그렇지. 신앙생활에서도 이런 코치를 두고 훈련을 받으면 좋겠구나'라는 생각이 들었다. 나도 모르게 습관처럼 굳어져 아무리 노력해도 고쳐지지 않는 부분이 있다. 신앙의 바른 자세를 보여주는 코치의 역할이 필요한 이유다. 한국 교회 성도들은 대부분 자기가 본 대로 한다. 가령 부모님을 보면서 '신앙생활은 저렇게 하는 거구나'라고 배운다. 하지만 제대로 배우는 경우는 거의 없다. 잘못 배운 경험으로 평생을 지내는 경우도 많다. 제자훈련은 말씀대로 신앙생활을 하게 만드는 과정이다. 예수님을 코치로 모시고 삶의 자세들을 올바로 세워나가는 시간인 것이다.

좋은 성도 따라 좋은 목사가 되자

가끔 성도들을 보면서 혹시 나는 '나쁜 목사'가 아닐까 하는 질문을 해본다. 이렇게 생각하는 데는 몇 가지 이유가 있다.

우선 교인들에게 쉴 틈을 주지 않고 소위 '들들 볶는 목회'를 한다는 생각이 들 때다. 지금은 별로 그렇지 않지만, 부임 초기만 해도 교인들을 퍽 힘들게 했던 것 같다. 사역한다는 핑계로 성도들을 가만히 있지 못하게 했다. '열심이 특심이다'라는 말을 마치 목사의 훈장인 양 생각했다. "목사가 새벽 네 시부터 밤늦게까지 사역하는 것이 보이지 않습니까?"라고 말하며 그러한 열심을 자랑삼아 이야기하던 시절이었다.

목사가 이렇게 말할 때도 성도들은 불평 없이 묵묵히 따라 주었다. 목사의 교인 자랑은 팔불출이라지만, 나는 기꺼이 그렇게 하고 싶다. 신일교회 교인들은 정말 순수하고 성실하다. 불평을 잘 모르고 현재에 감사한다. 내가 '나쁜 목사'로 느껴질 정도로 한결같은 믿음으로 헌신한다.

성도들이 '작은 목사'로 사역하는 모습을 보면서, '나라면 저렇게 할 수 있을까?'라는 생각을 자주 한다. 가끔 사역에 과부하가 걸렸다고 생각될 때면 아내는 "남편이 담임목사가 아니라면 나는 다른 교회를 다녔을 것 같아요."라는 농담을 하면서 제동을 걸어 준다. 목회하면 할수록 신일교회를 건강하게 세워나가는 주체가 평신도임을 실감한다. 특히 당회가 하나 되어 최선을 다해 목회자를 조력한다. 사실 당회원 모두 담임목사보다 연배가 높다. 큰 형님 같은 분들이 넓은 아량으로 목사의 연약한 부분까지 헤아리고 이해해주신다.

'좋은 목사는 교인들이 만든다'라는 말이 맞다. 목사가 부족해도 성도들이 훌륭하면 얼마든지 좋은 교회가 된다. 좋은 교인들은 무엇보다 목사의 약한 면을 보고 참고 견뎌준다. 그리고 목사를 위해 끝까지 기도한다.

사도 바울도 좋은 성도들이 있었기에 훌륭한 사도가 될 수 있었다. 바울이 교인들에게 부탁한 내용을 보라. "또 하나님께서 전도의 문을 우리에게 열어주셔서, 우리가 그리스도의 비밀을 말할 수 있도록, 우리를 위해서도 기도하여 주십시오"(골 4:3, 새번역).

솔직히 나도 가끔은 게으름을 부리고 싶을 때가 있다. 그럴 때 정신을 차리고 다시 제자리로 돌아오게 하는 건 바로 성도들이 있기 때문이다. 그들의 얼굴을 떠올리면 눈물이 나온다. 이렇게 부족한 리더를 위해 사랑과 인내로 동역해주는 성도들이 있기에 신일교회는 소망이 있다. 나도 이제 조금씩 '나쁜 목사'의 딱지를 떼고, '좋은 목사'가 되어가고 있다. 이 모두 좋은 교인들 덕분이다.

제자훈련과
기도

　　알고 보면 신앙생활은 매우 단순하다. 말씀을 읽고 묵상하여 깨달은 진리와 말씀대로 살고, 또한 기도하면서 주님과 동행하는 것이다. 신앙생활이라는 단어 자체가 '믿음'과 '삶'의 균형을 말하고 있다. 생각할수록 참 아름다운 단어다. 그런 의미에서 말씀과 기도를 중심으로 한 신앙생활은 제자의 삶에서 기본이라고 할 수 있다.

이것은 전쟁이다

내가 제자훈련을 하며 소중하게 생각하는 것이 몇 가지 있다. 먼저 상한 마음의 치유다. 둘째로 세계관의 변화다. 셋째가 기도에 대한 강조다.

　　흔히 제자훈련을 하면 기도가 약하다는 말을 한다. 제자훈련에는 지적인 자극을 받아야 하는 부분이 있기에 이 말에는 어느 정도 일리가 있다. 이런 약점을 알기 때문에 나는 일부러 기도훈련을 많이 시킨다. 매시간 경건회를 30분 이상 한다. 어떤 경우에는 기도회를 1시간 이상 인도하는 경우도 있다. 청계산 산상기도를 통해 산 기도를 경험하게도 한다. 처음에는 15분으로 시작하지만 한 학기가 끝날 때면 30분 그리고 제자훈련이 끝날 무렵에는 1시간씩 기도의 용량을 키우게 한다.

제자훈련은 영적 전쟁이다. 변수가 얼마나 많이 생기는지 모른다. 평상시 친절하고 다정하던 남편들도 제자훈련을 시작하면 이상하게 신경질적으로 변한다. 자녀들도 도와주지를 않는다. 평소 생각지도 못했던 어려운 일들이 터진다. 이런 모든 것이 영적 전쟁의 신호다. 그러므로 기도해야 한다.

구하는 기도 + 듣는 기도

목회 현장에서 가장 절실하게 요구되지만, 또한 가장 부족한 것이 기도라는 생각이 든다. 물론 성도들에게도 마찬가지다. 기도는 영성의 지표가 된다. 신약 시대를 사는 그리스도인에게 하나님은 정말 소중한 특권을 주셨다. 우리는 긍휼하심을 받고 때를 따라 돕는 은혜를 얻기 위하여 은혜의 보좌 앞에 나아간다(히 4:16). 필요할 때마다 하나님께 나아갈 수 있다. 이 얼마나 놀라운 특권이자 축복인가!

이런 의미에서 기도는 간구다. 유한한 인간이 무한하고 전능하신 하나님께 은혜와 긍휼을 구하는 것이다. 하나님이 아버지가 되셔서 가장 좋은 것을 주시기 때문에 우리는 구하는 기도를 할 수 있다. 그런 의미에서 '구하는 기도'는 믿음에서 출발한다.

하지만 구하는 기도의 약점은 일방적이라는 점이다. 반면 '듣는 기도'는 일방이 아니라 쌍방이다. 존 녹스는 "기도는 하나님과 나누는 친숙하고 진심 어린 대화"라고 말했다. 듣는 기도를 하려면 성령께 민감해야 한다. 내 생각, 감정, 선입관을 내려놓고 주님이 주시는 음성에 귀를 기울여야 하기 때문이다.

말씀으로 기도하기

다채롭고 효과적인 여러 훈련법 중에서 기도와 말씀을 함께 훈련할 수 있는 기도생활을 소개하고 싶다. 그것은 말씀을 붙잡고 기도하는 것이다. 기도는 약속의 말씀을 붙잡는 데서 시작된다. 기도에는 하나님의 약속을 바라보며 어떤 상황 속에서도 믿음의 중심을 지키는 과정이 포함되어야 한다. 듣는 기도에는 직관적인 면이 있어서 자칫 주관적인 방향으로 치우칠 수 있다. 이런 오류를 막기 위해 말씀이 필요하다. 말씀을 붙잡고 성령 안에서 하나님의 음성에 귀를 기울여야 한다.

한국 교회 성도들의 기도는 일반적으로 말씀 따로, 기도 따로의 '따로국밥' 식인 경우가 많다. 그런 기도는 기복적이 되기 쉽다. 내가 원하는 대로 기도하는 것이다. 하지만 말씀 따로, 기도 따로는 신앙의 두 바퀴가 서로 다른 방향으로 움직이는 것과 같다. 예수님은 하나님의 뜻대로 하는 기도를 드리셨다. 말씀이 내 안에서 역동할 때 이렇게 기도할 수 있다. 그것이 진짜 하나님이 원하시는 기도다.

흔히 우리는 기도하려면 교회에 가거나 정해진 기도처에 나아가야 하는 것으로 생각한다. 하지만 생활 속 기도도 중요하다. 말씀을 붙잡고 순간순간 기도해야 할 때가 있다. 그런 의미에서 '숨 기도'를 해야 한다. 숨 기도는 그야말로 매 순간 숨 쉬는 것처럼 기도하는 것이다. 특별한 시간에 따로 떼어 드리는 기도가 아니라 항상 기도하는 '전천후 기도'다. 특정한 장소에 가서 기도하는 것이 아니라 삶의 현장에서 기도하는 일종의 '현장 기도'라고 할 수 있다.

기도에도 '1만 시간의 법칙'이 있다

말콤 글래드웰(Malcolm Gladwell)은 그의 책 《아웃라이어》(김영사, 2009)에서, 뛰어난 재능과 탁월한 지능 그리고 좋은 환경이 있을지라도 꾸준하고 지속적인 자기 노력이 있어야 재능을 꽃피울 수 있다고 주장한다. 이것이 소위 '1만 시간의 법칙'인데, 이를 바꾸어 말하면 1만 시간을 투자해야 최소한 자기 분야에서 큰 성취를 이룰 수 있다는 것이다.

예를 들어, 바이올린을 시작하는 나이는 대부분 다섯 살 전후이지만, 많은 아이가 악기를 사놓고 얼마 지나지 않아 포기한다. 포기하지 않은 아이들은 일주일에 2시간 내외로 연습한다. 여덟

살 때부터 연습량의 차이가 나기 시작하는데, 아홉 살에는 일주일에 여섯 시간, 열 살에는 열두 시간, 열네 살 때는 열여섯 시간, 스무 살에는 서른 시간을 연습하면서 1만 시간을 채운다는 것이다.

여기서 흥미로운 사실이 있다. 1만 시간을 채운 아이는 20살에 최고 수준의 바이올리니스트가 되지만 8,000시간 정도를 채운 아이들은 아마추어 실력자가 되고, 4,000시간을 채운 아이들은 평균적인 음악 선생 수준으로 남는다는 것이다. 이런 현상은 피아노나 다른 악기에서도 동일했다고 한다.

이 내용을 보면서, 기도에도 1만 시간의 법칙이 적용된다는 생각이 들었다. 개인적으로 나는 매일 두 시간 정도 기도하려고 노력한다. 지금까지 기도한 시간을 대략 합해 보니, 거의 1만 시간에 육박했다. 앞으로 2만 시간을 채우기 위해 최선을 다할 것이다.

말씀 읽기와 말씀 묵상

인쇄 기술이 발달하기 전에는 필사자들이 직접 손으로 양피지에 성경을 기록했다. 1급 필사자가 마태복음을 필사하는 데는 만 26개월이 걸렸으며, 우리 돈으로 약 2,600만 원이 들었다고 한다. 성경 전체를 필사하는 데는 약 3만 데나리온이 필요했다. 일반 노동자 하루 품삯에 해당하는 1데나리온을 10만 원으로 잡으면 대략 30억 원이 된다. 성경 한 권의 물리적 가치가 그 정도였으니, 중세의 왕과 귀족들은 성경 한 권을 갖는 게 소원이었다. 그 후 독일에서 구텐베르크를 통해 인쇄술이 널리 확산되면서 성경은 비교적 적은 비용으로 제작되어 유통될 수 있었다. 이렇게 값비싼 보물을 집에 몇 권씩 소유하면서도 그 가치를 모르는 경우가 얼마나 많은가?

제자훈련을 하는 교회일수록 훈련생들뿐만 아니라 전 교인이 꾸준히 말씀을 읽고 묵상하도록 해야 한다. 말씀으로 무장하는 것이다. 제자훈련에서 성경 읽기와 큐티가 함께 가야 하는 이유다. 성경 통독을 통해 큰 숲을 보고, 큐티를 통해 나무를 보는 것이다.

제자훈련을 인도하다 보면 훈련생들이 큐티를 어려워하는 것을 알 수 있다. 그 이유가 무엇일까? 말씀을 보는 훈련이 안 되어 있기 때문이다. 말씀을 제대로 이해하기가 어렵다는 선입관이 문제다. 결국 큐티는 훈련이 중요하다. 세상에서 그리스도의 제자로 능력 있게 살아가기 위해서는 훈련을 통해 말씀의 실체를 경험해야 한다.

"나의 계명을 지키는 자라야 나를 사랑하는 자니 나를 사랑하는 자는 내 아버지께 사랑을 받을 것이요 나도 그를 사랑하여 그에게 나를 나타내리라"(요 14:21).

잔느 귀용(Jeanne Guyon)은 《영적 성장 깊이 체험하기》(생명의말씀사, 2007)에서 이렇게 썼다. "사람이 하나님의 전능하심과 그분의 사랑을 진심으로 믿게 될수록, 절대적인 자기 포기와 내어드림으로 하나님의 인도하심을 받게 될수록, 그리고 더 순수하게 하나님을 사랑할수록 성경에 담겨 있는 진리들을 더 깊이 깨달을 수 있다."

신일교회는 장년뿐만 아니라 청년 세대도 큐티 운동을 벌이고 있다. 매주 리더 모임에서는 한 주간 큐티로 묵상한 내용을 한 사람씩 나눈다. 전 교인이 같은 본문으로 큐티하고, 그 말씀을 가정 예배에서 나누는 구조를 실험하고 있다. 이런 시도가 열매를 맺는다면 부모의 권위가 생기고, 부모와 자녀 그리고 가족 간에도 말씀을 기초로 한 인격적인 소통이 이루어질 것이다.

10년은 필요하다

한 명의 신실한 제자나 리더를 세우려면 시간이 얼마나 걸릴까? 도식적으로 말하자면, 등록 후 새가족반, 성장반, 크로스웨이, 제자훈련 1년, 사역훈련 1년, 그리고 전도폭발까지 적어도 3년 이상은 걸린다. 하지만 고작 3년으로 이 일이 가능할까?

공병호는 그의 책 《명품 인생을 만드는 10년 법칙》(21세기북스, 2006)에서 어느 분야에서든지 최고 수준의 성과와 성취에 도달하려면 최소한 10년 정도는 집중적으로 투자해야 한다고 말했다. 세상의 직업인도 자기 분야에서 성공하려면 그 정도가 걸리는데, 하물며 영혼을 섬기는 리더를 세우려면 그 이상을 염두에 두어야 할 것이다. 제자훈련에서도 적어도 10년은 해야 제대로 된 수확을 얻을 수 있다.

오늘날 교회가 당면한 가장 큰 문제는 성도들이 나약해졌다는 것이다. 가장 큰 책임은 당연히 지도자에게 있다. 엘튼 트루블러드(Elton Trueblood)는 교회가 기독교를 '싸구려 기독교'(Cheap Christianity)로 만들었다고 지적한 바 있다. 이런 교회는 성도들이 주일 아침에 한 번만 모인다. 예배 참석 인원이 몇 명인가에만 중점을 두는 것은 이교도적인 모습이라고 그는 서침없이 말한다.

주일예배 참석 인원보다 더 중요한 것이 무엇인가? 그것은 재생산이 이루어지고 있느냐다. 나도 주일예배 참석 인원이 늘 스트레스이긴 하다. 교인들에게는 별로 신경 쓰지 않는 것처럼 행동하지만, 솔직히 목사에게는 큰 짐이다. 하지만 참석자 수에 과도한 신경을 쓰다 보면 주일에만 출석하는 일이 전부인 나약한 성도들을 만들어내는 경우가 많다.

우리는 제자훈련을 통해 리더를 만들어야 한다. 그것도 강한 리더를 만들어야 한다. 영적 전쟁에서 살아남는 수준이 아닌, 사탄의 간계를 부수고 어떤 견고한 진도 무너뜨리는 제자를 만들려면 그들이 다른 제자를 세울 수 있도록 목표를 주어야 한다.

남성 제자반에는 동지애가 있다

"나의 힘이 되신 여호와여… 내가 주님을 사랑합니다." 주일 오후에 남성 제자반 성도들과 함께 찬송가를 부르다 보면 저절로 힘이 솟는다. 주일에 서너 번 설교하고 간혹 외부 설교까지 하고 나면 정말 피곤하다. 말하기조차 힘들 때도 있다. 솔직히 그냥 쉬고 싶다. 그런데 그때가 바로 남성 제자훈련반을 인도해야 할 시간이다. 그것도 한두 시간이 아니라 적어도 서너 시간이 필요하다. 아무리 제자훈련을 좋아하는 목사라도 이 시간은 피하고 싶은 게 솔직한 심정이다.

하지만 남성 제자반에 들어가서 함께 찬송 한 곡을 부르는 순간, 신기하게도 그런 생각은 온데간데없이 사라지고 나도 모르게 불끈 힘이 솟는다. 한 주 동안 나보다 훨씬 치열하게 주님의 제자로 살고자 분투했을 믿음의 형제들을 생각하면 눈물이 난다. 나 같으면 달콤한 휴식이 필요한 주일 오후에 이런 훈련을 받을 수 있을까? 참으로 귀한 지체들이 아닐 수 없다.

크리스천 남자로 산다는 것

한번은 그렇게 제자훈련을 받을 30~40대 형제들을 만났다. 교회에서 그리 멀지 않은 한 중국 음식점에 처음으로 모였는데 모두들 긴장한 표정이었다. '목사님이 왜 우리를 불렀을까?' 사실 몇몇 형제들에게는 이미 훈련을 받자는 통보를 했기 때문에 감을 잡았겠지만, 그래도 얼굴에는 불안한 빛이 있었다.

"제가 오늘 이렇게 모이자고 한 것은 한 가지 부탁을 드리기 위해서입니다. 여러분, 내년에 모두 제자훈련을 받읍시다!"

모두 깜짝 놀라는 표정이었다. '올 게 오고야 말았구나' 하는 모습도 보였다. 하지만 모두 그렇게 하자며 순순히 따라 주었다. 그렇게 해서 그들을 중심으로 남성 제자훈련이 시작되었다. 결과는 대성공이었다. 아홉 명 모두 제자훈련반을 수료한 후, 지금은 교회와 일터 곳곳에서 빛나는 삶을 살고 있다. 그들의 좋은 영향을 받아 2016년에는 남성 제자반 지원자가 넘쳐나 몇 명은 한 해를 기다려야 하는 상황까지 벌어졌다.

남자들이 신앙을 지키며 살기엔 대한민국은 결코 호락호락한 나라가 아니다. 이 땅에서 남자 성도로 살아가는 일은 잘살고 못살고를 떠나 그 자체로 존경받아야 한다. 더군다나 그리스도인답게 산다는 것은 그야말로 기적이다. 거기다가 제자훈련까지 받는다는 건 웬만한 용기가 없으면 상상할 수 없는 일이다.

직장이나 사업장에서 보내는 하루는 전쟁터를 방불케 한다. 문화 자체가 비기독교적이다. 음주문화가 대표적이다. 직장생활을 해보지는 않았지만, 나 역시 대학과 군대 생활을 하면서 이 뿌리가 깊다는 것을 실감했다. 술은 절대 술로 끝나지 않는다. 2차, 3차로 이어지기가 부지기수다. 노래방에 이어 이상한 곳까지 가기도 한다.

또한 기독교에 대한 부정적인 편견은 감당하기 힘들 정도로 크다. 곳곳에 안티들이 있다. 그들은 교회에 대해 부정적인 이야기만 나오면 이리 떼처럼 달려들어 난도질한다. 이런 환경에서 제자훈련을 받고 자신이 그리스도인이라고 담대하게 고백한다는 것은 힘든 일이다. 이런 제자의 길을 스스로 선택해서 좁은 길을 가는 형제들에게 찬사를 보낸다.

동지애로 똘똘 뭉치다

남성 제자반의 위력은 우리는 모두 한배를 타고 고난의 바다를 함께 항해하는 동지라는 의식에서 나온다. 매주 만남이 기다려진다. 자신의 아픔을 나눌 때면 서로의 눈가에 맺히는 굵은 눈물을 보기도 한다. 누군가가 직장을 옮겨야 하거나 사업에 어려움이 있으면 내 문제라는 생각이 들어 절로 기도가 나온다.

가끔은 너무 바빠서 혹은 시간이 너무 모자라 숙제를 제대로 해오지 못할 때도 있다. 그러면 부끄러워하면서 어떻게 해서든 모임에 도움이 되려고 한다. 자신은 비록 성경 암송 시험에서 낙

제했지만, 100점을 맞은 형제에게는 힘찬 박수를 보낸다. 이렇게 조금씩 변화를 맛보면서 남자들은 제자반을 통해 그야말로 형제애를 나눈다.

이별이 다가올 무렵에는 졸업 여행을 떠난다. 날마다 전쟁 같은 삶을 살다가 2박 3일의 휴가라니, 이게 과연 얼마 만인가? 모든 것을 뒤로하고 이런 시간을 갖는다는 게 약간은 사치처럼 느껴지기도 한다. 꿀맛 같은 졸업 여행을 통해 마음껏 수다를 떨고, 맛있는 음식을 먹으며, 운동도 하고, 좋은 것도 많이 보면서 모처럼 한껏 자유를 누린다.

이렇게 졸업 여행의 추억을 가슴 깊이 담고 수료 예배에 참석한다. 한 해 동안 함께 울고 웃었던 나날을 생각하니 눈물이 핑 돈다. 힘든 가운데서도 행복과 감동이 살아 있는, 그리고 열매를 맛보는 시간이었다. 그때껏 한배를 타고 항해한 선원들은 돛을 내리고 정박한 후 각자의 집에 돌아갈 준비를 한다. 또 다른 항해가 기다리고 있기에 설렘 반 두려움 반으로 새로운 시작을 위한 결의를 다진다.

수료 예배 후 사진을 찍고 함께 포옹하면서 우리는 이미 그리스도의 제자요 한 형제임을 다시 확인한다. 인생에서 제자훈련이라는 색다른 프로젝트로 하나의 매듭을 짓고 나면 금방 한 해가 지난다. 이것이 남성 제자훈련반의 특별한 매력이다.

하나님의 양 떼를 목자의 심정으로

문종남 장로

결혼 후 신혼 생활을 독산2동에서 시작하면서부터 신일교회에 나왔다. 주일학교부터 결혼 전까지 신앙생활을 했지만, 하나님을 인격적으로 만나지 못해 당시에는 아내 성화에 못 이겨 겨우 주일예배만 참석하는 정도였다. 교회 등록 후 봉사를 하게 되었지만, 말씀과 은혜의 기초가 분명하지 않은 상황에서 하는 섬김과 봉사는 신앙 성장에 큰 도움이 되지 못했다.

교회는 1대 담임목사님과 믿음의 선배들의 땀과 눈물의 기도로 안정적으로 성장했다. 2001년 7월 1일에는 이권희 목사님이 신일교회에 담임목사로 부임하셨다. "이전 것은 지나갔으니 보라 새것이 되었도다"(고후 5:17)라는 말씀처럼 그때부터 신일교회에는 새로운 변화가 시작되었다. 영적 성장과 부흥을 기대하는 마음으로 '2020년 비전'이 세워졌고, 제자훈련을 통해 교인들에게 있던 잘못된 습관들이 하나둘 깨어지기 시작했다. 나 자신도 하나님을 인격적으로 만나고, 여러 면에서 가치관이 변화되면서 영적으로 성장해갔다.

영적 성장과 부흥을 통해 교회 환경도 많이 달라졌다. 불볕더위와 혹한을 번갈아 경험하면서 많은 필요성이 제기되면서 예배 공간을 증축하고 고치는 공사를 시작했다. 그리고 나는 성도들의 기도 지원을 받으며 공사를 총괄하는 총무로 세움받았다. 제자훈련을 받을 때에도 입대를 앞둔 신병의 마음이었는데, 공사 총괄 임무를 맡으면서는 산만한 바위가 가슴을 누르는 듯한 중압감이 있었다.

제자훈련받으랴 총무일 감당 하랴, 깊이 고민하던 나에게 아내는 기도하다가 하나님께 받은 말씀이 있다고 했다. "이제 내가 사람들에게 좋게 하랴 하나님께 좋게 하랴 사람들에게 기쁨을 구하랴 내가 지금까지 사람들의 기쁨을 구하였다면 그리스도의 종이 아니니라"(갈 1:10). 정말 말씀에는 능력이 있었다. 나는 이 말씀을 통해 하나님을 기쁘시게 하려는 마음으로 시종일관 은혜롭게 일을 감당할 수 있었다. 신일교회는 증축과 리모델링을 통해 예배 환경이 새롭게 마련되었고, 곳곳에서는 개인의 영적 성장과 부흥도 함께 일어났다.

제자훈련을 이수한 후 나는 리더로 세움을 받았다. 오랫동안 구역 모임으로 운영되다가, '가정교회' 소그룹으로 전환되는 시점이었다. 모임이 개편되면서는 부부 목장을 섬겼다. 네 가정으로 시작된 모임은 1년 후 새로운 가정을 더 받아 다섯 가정이 모였다.

한 교회에서 오랫동안 신앙생활을 했던 성도들이라 서로를 잘 안다고 생각했지만 실상은 그렇지 못했다. 환경도, 생활도, 신앙의 상태도 보이는 것과는 많이 달랐다. 한 가정의 여 집사는 몇 주간 교회를 나오지 않았고, 쇼윈도 부부로 살아가는 가정도 있었다. 또 다른 가정은 자녀로 인해 어려움을 겪는 중이었다.

이런 상황을 예상치 못했기에 당황스러웠다. '예수님이라면 어떻게 하셨을까?'를 생각했다. 내가 할 수 있는 것은 기도밖에 없었다. '하나님, 지혜를 주세요. 모든 상황을 감당할 수 있도록 믿음을 주시고, 순수한 마음과 열정과 사랑으로 섬길 수 있도록 시간도 주시고, 물질도 주시고, 인내할 수 있는 믿음도 주세요. 그리고 말씀으로 권면하고 기도로 섬길 수 있는 영적인 리더십도 주세요.'

처음엔 모임을 하는 것 자체가 쉽지 않았다. 참석해주는 것만으로 만족해야 했다. 만나서 식사하고 차도 마시며 가벼운 친교 모임으로 시작했다. 이렇게 시작한 목장 모임에는 시간이 가면서 많은 변화가 있었다. 하나님께서 이들의 가정을 어떻게 회복시켜가셨는지 나누고자 한다.

첫 번째는 몇 주 동안 교회에 나오지 않았던 여 집사의 이야기다. 어느 날 주일 오후 예배를 마치고 무작정 서울에서 287킬로미터 떨어진 강원도로 출발했다. 부부를 만나 태우고 돌아오면서 우리는 함께 살아온 삶을 진솔하게 나누었다. 하나님으로 인해, 또 말씀과 기도로 극복할 수 있었던 힘든 시절을 이야기하면서 서로 마음 문을 열었다. 먼저는 환경을 보지 말고 예배가 회복되어야 한다고 권면했다.

만남 이후 여 집사는 예배에 참석하기 시작했으며, 그때부터 하나님의 만지심이 시작되었다. 목장 모임을 하면서 하나님은 이 가정을 회복시켜가셨다. 모임 때마다 남편 집사가 눈물로 고백하면서 여 집사의 얼어버린 마음도 서서히 녹았고, 서로를 이해하고 용서를 구하는 시간을 가졌다. 이제 하나님의 은혜로 부부는 완전히 회복되어, 부부 목자로 세움받아 섬김을 잘 감당하고 있다.

두 번째는 목장으로 편입된 쇼윈도 부부 이야기다. 목장에 들어왔을 때는 남편의 경제적 문제, 자녀의 잘못된 진로 선택으로 인한 어려움으로 큰 갈등을 겪는 중이었다. 사람의 경험과 지혜로는 이러한 난국을 해결할 수도 없고, 어떤 위로도 주기 어려웠다. 나는 오직 주의 말씀 속에 깨달음이 있을 거라고 희망을 주었다.

계속되는 만남을 통해 삶을 나누고, 각자에게 찾아오신 하나님이 어떤 분이신지 이야기했다. 시간이 지날수록 부부는 마음을 열고 조금씩 반응을 보이기 시작했다. 정도는 다르지만 다른 가정도 비슷한 고민을 안고 살아간다는 사실을 발견하면서 부부는 서로를 이해하게 되었고, 가족 간에는 소통이 시작되었다. 남편 집사는 다시 경제 활동을 시작했고, 자녀들도 집으로 돌아왔다. 부부는 신앙 훈련에 참여해 무너진 신앙의 기초를 다지기 시작했다.

세 번째는 자녀 문제로 힘든 시간을 보내던 가정의 이야기다. 자녀가 직업도 없는 상태에서 가정에 손실까지 입혀 힘든 시기를 보내고 있었다. 아이들의 영적인 문제로 인해 부부는 늘 불편한 관계였는데, 금전적 손실까지 생겨 경제적인 타격이 이만저만이 아니었다. 게다가 부부의 불화로 자녀는 따로 살아야 했는데, 그 생활비까지 부담해야 하는 상황이었다.

자녀가 영적으로 회복되고 금전적인 손실 부분도 잘 극복해나가도록 목장에서도 간절히 기도했다. 얼마 후 자녀는 경제 활동을 하면서 손실을 메꾸어가기 시작했다. 하나님의 은혜로 영적인 올무에서도 완전히 벗어났고, 가정도 안정을 되찾아갔다. 이제 부부는 교회에서 하나님께 충성하며 사명을 감당하고 있다.

제자훈련은 개인 영성이 회복된 제자가 또 다른 생명을 살리는 영적인 훈련이다. 또한 그리스도의 참 제자가 되어 예수님처럼 사랑으로 섬기는 것이다. 목장을 통해 회복과 치유를 이루시는 하나님의 기적을 많이 목격했다. 제자훈련으로 주님의 은혜를 바로 깨달았기 때문에 하나님께서 맡겨주신 영혼들을 끝까지 섬길 힘을 얻을 수 있었다. 앞으로도 맡겨진 영혼들의 형편을 부지런히 살피며 기도하는 목자로 사명을 감당할 것이다.

3부

전도는
하나님의
소원

전도가 '누구의 일인가? 당연히 하나님의 일이다.

우리가 할 일은 복음을 전하는 것이다. 복음을 전하면 성령께서 친히 일하신다.

솔직히 새생명축제를 앞두고 나도 많이 긴장한다.

그럴 때마다 목양실에 걸린 거울 앞에 서서 속으로 이렇게 묻는다.

'하나님, 이게 제 일이 아니지요? 하나님 일이지요?'

하나님은 그런 나의 마음속에

"그래, 이 목사. 이건 내 일이야. 그러니 걱정하지 마라"라는 말씀을 주신다.

하나님이 주시는 평강을 덧입으면 평안한 마음으로 담대하게 복음을 전할 수 있다.

전도해서
복받은 교회

　　얼마 전 모 방송국에서 "왜 한국인은 영어를 못할까?" 라는 제목의 기획 프로그램을 방영한 적이 있었다. 영어와 관련해서 온 나라가 매년 천문학적인 돈을 쏟아붓고, 대부분 십수 년간 영어를 공부하는데도 왜 영어가 잘 안되는 것일까 하는 고민에서 시작된 프로그램이었다. 우리에게는 모두 '영어 울렁증'이 있다. 개인적으로 공부는 하지만 막상 외국인이 말을 걸어오면 일단 피하고 본다. 막상 대화하더라도 더듬거리다가 머리가 하얘져서 막상 알고 있던 표현도 잊어버린다. 그런 현실을 보면서 실천 가능한 영어 교육의 필요성을 절감했다.

진도가 안 된다는 현실

성도들에게도 이와 유사한 고민이 있다. 바로 '전도'가 그러하다.

오랫동안 신앙생활을 하고 복음 메시지에는 익숙하지만 전도는 잘 못 한다. 수십 년 동안 교회를 다니고 장로, 권사, 집사의 직분도 받았지만 한 명도 전도하지 못한 직분자들이 적지 않다. 목사니 평신도 할 것 없이 모두 답답하다.

언젠가부터 한국 교회 안에는 전도에 대한 부정적이고 패배주의적인 생각이 팽배해 있다. 한국 교회는 1970년대와 80년대에 전 세계적으로도 유래를 찾을 수 없을 정도로 성장했다. 그야말로 폭발적인 성장이었다. 당시에는 대부분의 교회가 성장했다. 큰 교회뿐만 아니라 동네 교회들도 성장했다. 한마디로 전도가 잘되었다.

그런데 1988년을 기점으로 1990년대에 이르러 성장이 주춤하기 시작하더니, 2000년대 들어서는 성장률이 아예 마이너스로 돌아섰다. 국민소득이 1만 불 이상 되면 교회 성장이 정체된다고 하는데 한국도 예외는 아니었다. 교인들뿐만 아니라 목회자들의 입에서도 '전도하기 어렵다', '전도가 안 된다'는 말이 나왔다.

솔직히 말하면 이제 대한민국에서 전도하기는 쉽지 않다. 그러니 전도가 안 된다는 말도 사실이다. 특히 젊은이 전도는 무척 어렵다. 신일교회는 매주 수요일 오전에 노방 전도를 하는데, 나도 가끔 따라 나가 살펴보면 젊은이들은 아예 전도지를 받지 않는다. 심지어 티슈나 건빵 같은 선물도 외면한다.

설상가상으로 매스컴에서는 한국 교회의 타락상과 목회자와 관련된 비리가 하루가 멀다고 뻥뻥 터진다. 지상파와 케이블, 인터넷까지 그야말로 난리다. 해마다 10월 이후에는 많은 교회가 전도 집회를 여는데, 꼭 이때마다 전도를 방해하는 사건이 발생한다.

이런 일도 있었다. 2015년 11월 1일에 있을 교회 새생명축제를 앞두고 열심히 전도 중이었는데, 행사 일주일 전에 목사가 목사를 칼로 찌르는 사건이 발생했다. 심지어 그 사건은 신일교회가 있는 금천구 독산동의 모 교회에서 발생했다. 나는 그 소식을 듣고 나리에 힘이 풀렸다. 무릎을 꿇고 "하나님, 어떻게 이런 일이 일어날 수가 있습니까? 부끄러워서 어떻게 합니까?" 하소연하기도 했다. 저녁에 우리 아이들도 소식을 듣고는 걱정스러운 표정으로 "아빠, 새생명축제 어떻게 해?" 하며 걱정했다. 여러 모양으로 도움을 받아도 전도가 될까 말까인데 첩첩산중일 때가 많다. 전도의 장애물은 기독교 내부에서 많이 나온다. 신일교회는 이런 상황에서 어떻게 꾸준히 전도의 열매를 거두고 있을까?

매년 10퍼센트 성장, 300명 결신의 비밀

신일교회는 지난 15년간 매년 10퍼센트 내외로 정체되지 않고 성장해왔다. 그 원동력은 제자훈련과 새생명축제를 통해 교회의 스피릿이 달라졌기 때문이라고 생각한다. 새생명축제를 통해 매년 300명 이상의 결신자를 얻는다. 이들 중 30퍼센트는 신일교회나 타 교회에 등록한다. 특별히 새생명축제를 통해 전도에 대한 확신과 감각을 되찾았다. 전도를 그저 교회 성장의 수단이 아닌, 교회의 핵심 사역으로 받아들일 수 있었다. 교회가 교회 되게 하려면 전도가 필수라는 사실을 교인들도 자각하기 시작했다. 15년 전에 청장년이 300여 명이던 교회에서 이제 1,100명이 모이기 시작한 비결은 오직 '복음전도'에 있었다고 해도 과언이 아니다.

새생명축제는 매해 1월에 시작된다. 연초에 품어 11월에 해산을 하는 셈이다. 무더운 여름이 지나고 9월과 10월이 되면 신일교회는 새생명축제에 집중한다. 모든 성도, 부서 그리고 교회 전체가 하나 되어 마음을 다한다. 그 결과 새생명축제는 교회에서 하나의 문화요, 잔치로 자리 잡았다. 전도하는 교회, 선교하는 교회로 변했다. 교회 사역의 중심 허브가 되었다.

성도들은 연초에 품은 태신자들을 위해 기도하며 지속적인 관계를 맺어나간다. 새생명축제를 40일 앞둔 시점에서는 매일 저녁에 태신자를 위한 기도회가 열린다. 3·7운동도 전개되는데, 이는 태신자를 위해 하루에 3번 기도하고 7번 만나자는 다짐이다. 이와 함께 교회에서는 다양한 평신도 간증자들을 세워 전도에 대한 동기를 부여한다.

새생명축제에서 선명한 복음을 다시 듣게 되면 구원의 은혜에 대한 감격이 살아난다. 주님을 향한 열정에 불이 붙는다. 교회는 생명력을 회복하게 되고, 그렇게 회복된 교회는 살아 움직인다. 서로 섬기고 사랑하며 열심히 봉사한다.

교회 성장은 크게 질적 성장과 양적 성장으로 나누어진다. 이 둘은 서로 밀접한 관계가 있다. 질적 성장이 있으면 자연히 양적으로도 성장하게 된다. 양적으로 성장하면 자연히 질적으로도 도약한다.

우리 몸도 지나치게 영양분을 받기만 하면 비대해지기만 한다. 교회가 풍성한 말씀의 꼴을 먹는 것은 중요하지만, 모든 성도가 순종하여 전도하는 일 없이는 교회의 지속적인 건강을 기대하기 어렵다. 이런 의미에서 새생명축제는 성도들에게 복음의 증인으로서 전도하는 교회를 만들어주며, 이것이 결과적으로는 양적인 성장도 가져온다.

교회는 유기체이므로 일반 조직체와는 다르다. 교회는 그리스도의 생명력으로 충만한 하나님의 집이다. 성도들 각자에게도 생명이 있어야 하고, 서로에게도 생명의 관계가 되어야 한다. 교회의 생명력에 가장 큰 공헌을 하는 것이 바로 복음전도다.

초대교회는 지상에서 생명력으로 넘쳐났던 대표적인 교회였다. 초대교회는 전도하는 교회였다. 그들은 가는 곳마다 예수 그리스도의 십자가 죽음과 부활의 증인으로 살았다. 새생명축제는 이러한 초대교회의 정신을 짧은 기간에 가장 가깝게 맛볼 수 있는 기쁨의 축제다. 새생명축제 기간에 온 교회는 복음으로 충만해지고 생명력을 만끽한다. 전도의 기쁨을 맛보면서 생명의 역사를 눈으로 목도하기 때문이다. 그 결과 믿는 자의 수는 날마다 더한다(행 2:47).

전도해본 성도는 스스로 열심히 전도한다. 전도의 기쁨을 맛보았기 때문이다. 새생명축제 이후 신일교회 성도들은 거의 불평하지 않는다. 서로 비난하고 편을 가르는 것도 많이 줄었다. 말만 많이 하고 전도하지 못하는 성도가 설 자리가 없기 때문이다. 무엇보다 중직자들이 전도를 하면서 겸손해졌다. 복음으로 하나 되고 그리스도를 닮아가는 교회가 된 것이다.

제자는 삶으로, 말로 복음을 증거 하는 사람

얼마 전 제자훈련 시간에 이런 질문을 했다. "여러분이 제자훈련
을 받는 목적이 무엇인가요?" 사실 제자훈련을 신청할 때도 같은
질문을 던진다. 물론 그때는 잘 모르는 상태에서 답하는 것이기
에 큰 비중을 두진 않는다. 하지만 막바지에 이를 즈음에는 훈련
생들이 제자훈련을 얼마나 정확히 이해하고 있는지를 확인할 필
요가 있다.

예상대로 가장 많이 나오는 대답은 '예수님을 닮기 위해서'였
다. '삶의 변화를 위해서'라고 말한 훈련생도 있었다. 그런데 내가
원하는 대답은 그게 아니었다. 훈련생들의 입에서 '재생산'이라는
말이 나오길 원했다.

제자훈련의 목적은 제자가 된 후에 또 다른 제자를 만드는 데
에 있다. 참여자의 성품과 습관을 변화시키는 데에는 신일교회도
어느 정도 성공한 것 같다. 하지만 또 다른 리더, 또 다른 제자를
세우는 차원에서 보면 부족한 점이 많다.

제자훈련의 최종 목표는 엄밀히 말하면 '영적 재생산'이다. 그
리고 제자훈련이 진짜가 되려면 복음 증거가 있어야 한다. 그리
스도의 제자는 복음의 증인으로 살아가는 사람이기 때문이다. 그
런 의미에서 제자훈련이야말로 가장 좋은 전도 훈련의 기회라 할
수 있다.

하지만 현실은 어떠한가? 제자훈련을 하다 보면 상당수가 목표를 '개인의 변화'에 한정시킨다. 물론 잘못된 목표는 아니다. 하지만 제자훈련의 진정한 열매는 재생산에 있다고 생각한다. 재생산하지 못하는 제자훈련은 반쪽에 불과하다. 제자훈련을 통해 생명이 탄생해야 한다. 이는 기독교의 핵심이기도 하다.

복음의 1차 전파자는 하나님이시다. 하나님은 복음을 전하기 위해 예수 그리스도를 보내셨다. 성령을 보내셨다. 성령을 보내신 후 하나님은 복음전도의 사명을 교회에 맡기셨다. 그러므로 이 시대에 하나님은 당신의 백성, 즉 교회를 복음전도자로 택하신다. 이처럼 교회와 복음전도는 불가분의 관계다. 교회의 첫 번째 사명이 복음전도이기 때문이다. 신약성경에 나오는 지역 교회들은 모두 전도하는 교회였다.

새생명축제에서는 교회 전체가 한 몸이 되어 전도를 감당한다. 일회성으로 끝나거나, 이벤트로 추진하는 것도 아니다. 교회의 모든 성도가 1년 동안 한 영혼을 가슴에 품고 있다가 연말에 산고를 겪으며 새생명을 낳는다. 이 일은 결코 혼자 할 수 없는 일이다. 교회 전체가 함께 힘을 모으고 전력해야 하는 영혼의 추수 사역이다.

무엇보다 새생명축제는 성도들에게 나도 전도할 수 있다는 자신감을 주고 있다. 늘 새생명축제를 염두에 두고 그 일에 관심을 가지기 때문에 실천할 힘을 얻는다. 교회 안에는 1년에 한 사람에게도 복음을 전하지 못하는 성도들이 의외로 많다. 남편을 전도하지 못한, 이른바 '홀 믿음 가정'이 꽤 많다. 또한 바로 옆집에 사는 이웃에게 복음 한 번 제대로 전하지 못한 성도들도 많다.

새생명축제는 불신 가족이나 친지, 이웃 들이 큰 부담 없이 교회에 와서 명쾌한 복음 메시지를 들을 수 있는 절호의 기회다. 사실 평소에 주일 설교에서 복음의 진수가 담긴 말씀을 들을 수 있는 기회는 생각보다 많지 않다. 주일 강단에서는 대부분 기존 신자들의 영적 성장에 초점을 맞추어 말씀이 선포되기 때문이다. 하지만 새생명축제에서는 원색적인 복음 메시지가 준비된다. 죄, 죽음, 속죄, 십자가, 구원 등의 주제로 복음을 전하며, 이 메시지를 듣는 성도와 태신자 모두가 복음을 통해 새롭게 된다.

무엇보다 나부터 전도자로 살고자 애쓰고 있다. 흔히 전도를 강조하면서도 목회자가 솔선하는 모습을 보기가 쉽지만은 않다. 하지만 이것은 성경적이지 못하다고 생각한다. 복음서에서 예수님은 자신이 세상에 오신 목적이 복음전도라고 말씀하셨다. 그리고 친히 본을 보이셨다. 제자훈련 지도자는 시시때때로 전도의 본을 보여주어야 한다.

나도 직접 전도하려고 노력하고 있다. 매주 수요일 전도지를 들고 나간다. 성도들은 "목사님이 직접 전도하세요?" 하며 놀란다. 이렇게 해서라도 전도하려고 노력한다. 새생명축제에도 태신자들을 꼭 초대한다. 이런 모습을 보면서 훈련생들이 많은 도전을 받는 것 같다. 백 마디 말하는 것보다 리더가 직접 실천하는 것이 훨씬 효과가 있다.

전도 사역의 꽃, 새생명축제

　　지금 신일교회에 새로 오는 10명 중 6~7명이 초신자다. 하지만 처음부터 이처럼 능동적으로 전도해왔던 것은 아니었다. 중요성은 알고 있었지만, 막상 성도들의 삶에서 전도는 우선순위가 아니었다. 그러다가 모든 성도가 함께 매월 첫 주에 전도를 나가면서부터 이런 분위기는 달라지기 시작했다. 한동안 지속했던 전교인 전도는 온 교회의 전도 동력이 되었다.

　　지금도 전도에 대한 부담감이 없지는 않지만 오랫동안 하다 보니 점차 몸에 익었다. 전도할 토양이 마련되고, 제자훈련으로 훈련된 사람들이 전도에서도 모범을 보이면서 드디어 새생명축제를 진행할 분위기가 된 것이다.

　　오랫동안 소수의 지인과 관계를 맺고 공을 들이며 기도하며 초청하는 새생명축제는 기존의 성도들에게는 무척 생소한 개념이었다. 하지만 본격적으로 새생명축제를 시작하자 성도들은 신선한 긴장감을 느끼게 되었고, 평소에 마음 밭을 잘 마련해주고 정성을 기울이는 일이 참 중요하다는 사실을 자각하기 시작했다. 교회 전체가 함께하는 분위기가 조성되면서, 적극적으로 나서지 않던 성도들까지 하나둘 태신자 작정을 하기 시작했다.

새생명축제 준비는 종합 훈련세트

신일교회는 수평 이동이 아닌 초신자 전도를 통해 꾸준히 성장해 왔다. 성장의 요인으로 두 가지를 생각해볼 수 있다. 하나는 주변에 교회에 대한 좋은 소문이 났기 때문이다. 또 하나는 성도들이 복음전도에 열정적이기 때문이다.

핵심은 새생명축제다. 매년 가을에 여는 새생명축제에 온 교회가 전력투구한다. 이 시기에 신일교회 성도는 모두 열심히 전도한다. 성도들은 매년 평균 2,500명 이상의 태신자를 작정한다. 청장년 1,100명이 출석하는 교회에서 이 정도의 태신자는 분명 적지 않은 수다. 이것을 가능하게 하는 원동력이 바로 제자훈련이다. 제자훈련을 받은 성도들일수록 영혼 구원에 진력을 쏟는다. 실제로 매년 새생명축제에서는 이들이 사람들을 가장 많이 초청한다. 결과적으로 제자훈련은 전도의 열매를 맺게 하는 힘이 된다. 영혼 구원과 제자훈련은 떼려야 뗄 수 없는 관계다.

제자훈련을 하다 보면 훈련생들은 자연스럽게 복음전도에 사명감을 느낀다. 특히 앞으로의 비전을 묻는 말에 평생 복음 전도자로 살겠노라고 고백하는 이들이 많다. 정말 눈물이 날 정도로 귀한 분들이다. 장로님들도 전도에 앞장선다. 실제로 수년 동안 신일교회의 전도왕은 시무장로님이다.

요즘에는 대그룹 전도가 점점 힘들어지는 추세다. 신일교회도 예외는 아니다. 하지만 우리는 앞으로도 새생명축제를 지속할 것이다. 이런 기회가 있어야만 그나마 성도들이 전도하기 때문이다. 참고로 이 책의 '부록1'에서는 신일교회에서 진행하고 있는 새생명축제에 관하여 준비부터 실행, 마무리까지의 모든 과정을 완벽하게 정리했다.

마음이 없어서가 아니라 훈련받지 못해서

한번은 제자훈련을 하면서 훈련생들에게 이런 질문을 했다. "제자도의 핵심은 전적위탁, 섬김 그리고 증거입니다. 그렇다면 여러분은 제자훈련을 하면서 증거 하는 제자로 변화되고 있습니까?" 훈련생들은 제자훈련을 받으면서 직장에서도 복음을 전하고 싶고, 또 실제로 시도도 하는데 쉽지 않다고 고백했다. 알고 보니, 체계적인 훈련이 부족한 까닭에 상당수가 복음에 관해 별로 할 말이 없는 것이었다.

이때가 기회라는 생각에 '전도폭발 훈련'의 필요성을 설명했다. 훈련생들은 함께 전도폭발 훈련을 받기로 무언의 합의를 했다. 제자훈련을 받아서 삶이 변화되더라도 제대로 복음을 전하지 못한다면, 마음 한쪽에 있는 열등감을 떨칠 수 없을 것이다.

복음을 전하지 못하는 것은 마음이 없어서가 아니라 훈련을 받지 못해서다. 이런 문제를 해결해줄 수 있는 통로가 바로 전도폭발 훈련이다. 다른 훈련 프로그램도 장점이 많지만 전도폭발 훈련은 임상적으로 검증된 매우 유익한 훈련이기에, 신일교회는 제자훈련 후 가능한 한 이 훈련을 받도록 권하고 있다.

나는 제자훈련을 하면서 우리가 훈련을 받는 궁극적인 목표가 '재생산'에 있음을 계속 반복해서 강조한다. 그만큼 확신이 있을 때 반복이 가능하다. 리더의 확신과 관심이 전달되면, 훈련생들도 그 중요성을 받아들인다.

심지어 제자훈련을 시작할 때부터 전도 목표를 정하게 한다. 오리엔테이션 시간에는 자신만을 위해 매일 기도해줄 두 명의 기도자를 적어오도록 한다. 더불어 1년 동안 전도할 태신자도 확보한다. 그리고 매주 태신자들을 위해 기도를 시작한다. 목표가 있어야 그것을 달성할 의욕이 생기고 전략이 생긴다.

하지만 목표만 세워선 안 된다. 구체적인 실행 지침도 함께 따라주어야 한다. 나는 제자훈련 생활 숙제를 통해 이것이 가능하다고 생각한다. 앞서 "왜 한국인이 영어를 못할까?"에 대한 문제의식에 대한 답은 '실전의 부족'에 있었다. 언어는 실제로 부딪히면서 경험하고 삶으로 체득해야 하는 것이기 때문이다. 전도도 마찬가지다.

왜 전도를 못 할까? 복잡하지 않다. 전도하지 않기 때문이다. 제자훈련에서는 생활 숙제를 통해 이것을 조금씩 실천해보도록 하면 좋다. 예를 들어 태신자를 위해 매일 기도하고 소감문 써오기, 만 원으로 전도하고 소감문 써오기, 새생명축제에 태신자 초대하기 등 생활에서 실천 가능한 숙제를 냄으로써 훈련생들이 직접 전도할 기회를 준다.

다음은 신일교회에서 새생명축제와 연결해서 꾸준히 진행하고 있는 사역들이다. 이런 일들은 외따로 떨어져 있는 것이 아니라 모두 새생명축제와 전도 사역과 긴밀하게 관련되어 진행된다.

전도폭발 훈련과 70인 선도대

신일교회에서 전도폭발 훈련이 시작된 지는 얼마 되지 않았다. 이 훈련은 구원의 확신이 없는 교회 내 성도들에게도 자신을 돌아보게 하는 중요한 도구로 쓰이고 있다. 70인 전도대의 경우, 매주 수요일에 전도를 하고 싶은 사람들끼리 모여서 전도지를 나누는 것부터 시작했다. 그러다가 요즘은 팀별로 나누어 다양한 방법을 시도하고 있다. 근처 공원에 운동하러 온 사람들, 혹은 산책하러 나온 사람들에게 커피를 대접하며 지속적인 관계를 맺는 것도 그런 시도 중 하나다.

소그룹 전도축제

2010년에는 처음으로 소그룹 전도축제를 개최했다. 이것은 소그룹에서 자체적으로 개최하는 작은 전도 집회라고 볼 수 있다. 대그룹 전도가 점점 어려워지는 사회적 분위기에 따라 새롭게 시도하는 것이 소그룹 전도축제다. 소수가 모이는 모임인 만큼 비신자도 부담 없이 방문할 수 있고, 더 쉽게 친밀해질 수 있다. 소그룹을 통해 사람들과 친해지고, 그렇게 친해진 사람을 자연스럽게 교회로 인도하는 것이다. 소그룹은 각자 계획해서 음식을 준비하고, 레크리에이션, 간증 등을 준비한다.

독산 클린

신일교회는 전도하면서 영적으로뿐만 아니라 실제로 청소를 하면서 지역을 정화하는 일도 함께 했다. 우리는 이를 '독산 클린'이라고 부른다. 부임 초기에는 매달 토요일 오전에 성도들이 모여 교회 주변을 청소했다. 이웃들은 이런 모습을 보고 "신일교회 교인들은 정말 좋은 일을 하네요"라고 많이 칭찬했다. 특히 주일 오후에 나가는 전교인 전도 혹은 새생명축제를 앞두고 나가는 노방 전도 시에는 집게와 청소 봉투를 나누어 주어 청소하도록 했다. 덕분에 우리 마음도 정화되고 거리도 깨끗해졌다.

새생명축제 평가회

신일교회의 전도 시스템이 비교적 잘 정착될 수 있었던 이유 중 하나는 이런 평가회 덕분이었다. 교역자와 준비 위원회는 매번 새생명축제가 끝나면 철저한 평가회를 갖는다. 태신자와 전도자의 기초 데이터가 정리되면, 직무별, 성별, 연령별, 지역별 현황이 문서로 만들어지고 그렇게 모인 데이터는 철저히 분석된다. 이때 나왔던 약점은 쇄신하고, 강점은 더욱 극대화해서 신일교회에 적합한 시스템으로 업그레이드해간다. 이런 노력의 결과로 남편 때문에 못 오는 여성들을 위한 월요 전도 집회, 남성들을 위한 저녁 집회 등 맞춤형 전도 집회가 개설되기도 했다.

목사님, 제자훈련이 정말 행복해요

복음의 본질을 잃지 마라

철저한 준비와 진행도 물론 중요하지만, 그보다 더욱 신경을 쓰는 원칙이 있다. 교회는 선명한 복음 진리로 승부해야 하며, 그 과정에서 새생명축제의 본질을 잃지 않아야 한다는 것이다. 새생명축제를 여는 이유는 바로 '복음'이기에 복음 전달에 집중해야한다. 새생명축제를 일회성 이벤트로 전락시켜서는 안 된다.

이를 위해서는 영적 생명력을 잃지 않는 것이 관건이다. 그래서 복음 설교는 담임목사가 직접 하는 것이다. 복음 설교는 부담이 크지만 담임 목회자가 직접 하는 것이 본인에게도 훨씬 좋다고 생각한다. 나부터 하나님께 매달리면서 영적으로 느슨해지지 않으려고 발버둥을 친다. 또한 나도 4~5명씩 전도해 새생명축제에 초청하려고 노력한다.

전도는
하나님의 소원이다

　　신일교회에는 다문화 가족이 많다. 국가로 보면 필리핀, 캄보디아, 베트남, 몽골, 중국 등 다양하다. 필리핀은 열 가정이상이 되어 매 주일 3부 예배 시에는 설교를 영어로 동시통역하고 있다. 지역 특성상 교포들도 많은데, 그중에서 중국 교포들이다수를 차지한다. 이들 역시 자연스럽게 소그룹에 편성되어 행복한 신앙생활을 하고 있다.

기적 같은 구원 여정

불교 집안의 칠 남매 중 다섯째로 태어난 D 집사는 집이 너무 가난해 돈 많이 벌어 부자 되는 것이 인생 목표였다. 서울로 올라와 공장에서 일하면서 돈을 모으고 결혼도 했다. 그런데 남편이 문제였다. 직업도 없이 술과 도박으로 가산을 탕진하면서, 아내에게

목사님, 제자훈련이 정말 행복해요

는 돈 벌어오라고 강요하고 심지어 손찌검까지 했다. 어쩔 수 없이 이혼했다. 그런 D 집사에게 남동생은 큰 위로가 되어주었다. 동생은 십수 년 동안 누나를 전도했지만 미동도 하지 않는 상황이었다.

그런데 2007년 여름, 동생에게 뜻하지 않은 일이 생겼다. 혈관염으로 추정되지만 정확한 원인은 알 수 없는 병으로 입원하게 된 것이다. 담당 의사는 현대 의학으로는 나을 방법도 가망도 없다고 했다. D 집사는 병원에서 곧 죽을 사람처럼 투병하는 동생의 모습을 보면서 큰 충격을 받았다. 가장 아끼고 사랑하는 동생에게 누나로서 해줄 수 있는 게 아무것도 없었다.

순간 떠오르는 것이 한 가지 있었다. 동생이 그토록 소원하는 교회에 나가준다면 동생이 일어날 것만 같았다. 그래서 누워 있는 동생에게 "네가 나을 수만 있다면 같이 교회 갈게. 너 퇴원하면 네 소원대로 이 누나가 교회 나갈게"라고 약속했다. 그렇게라도 말해야 아픈 동생이 살 수 있을 것 같았다.

그런데 얼마 후 정말 기적 같은 일이 벌어졌다. 동생이 퇴원할수 있을 정도로 몸이 좋아진 것이다. 마침내 동생은 3개월 만에 퇴원했고, 퇴원 후 동생과 함께 처음으로 신일교회에 나왔다. 그 약속을 지킨 날은 공교롭게도 새생명축제 기간이었다.

다음 날 또 집회에 참석했는데, 자신도 모르게 무언가에 끌렸다. 가슴이 뜨거워지면서 계속 눈물이 나왔다. 이윽고 결신의 시간이 되었고, "하나님을 믿기로 작정하신 분은 자리에서 일어나십시오"라는 말에 마음속 감동에 따라 일어나 하나님을 믿기로 결단했다. 그날 이후 D 집사는 하나님의 자녀가 되었다.

이후에 세례도 받고 2015년 새생명축제에서 간증도 했다. 리허설을 하는데 얼마나 감격이 되는지 D 집사는 평평 울었다. 눈물이 흘러내려 간증을 하지 못한 정도였다. 신일교회에는 이런 분들이 많다. 그렇다. 신일교회는 전도하는 교회다. 아니 전도할 수밖에 없는 교회다.

전도는 어명이다

몇 해 전 내게 낯선 전화가 걸려왔다. 연세가 지긋한 어떤 목사님이었다. 내용인즉슨 당신이 섬기는 교회에 와서 전도 동기부여 설교를 해달라는 것이었다. 약속한 날 그 교회에 가서 목사님을 뵈었는데, 서울 강남의 전통 교회에서 30년 이상 목회하고 계신 분이었다.

얼마 후 은퇴를 앞두고 있던 때였는데 그즈음에 사랑의교회 제자훈련에 관해 알게 된 것이었다. 또한 '대각성 전도집회 세미나'에서 내 강의를 들으시고는 '아, 내가 지금껏 목회를 잘못했구나. 교인들을 편하게 해준다고 했는데, 전도도 제대로 못 하는 사람들이 되었구나'라는 생각이 드셨다고 한다. 그러면서 이제부터 남은 시간이라도 최선을 다해 제자훈련을 하면서 전도자로 살아가겠다고 다짐하셨다.

그 연세에 그냥 은퇴해도 누가 뭐라 하지 않는 대과(大過) 없는 목회를 해왔음에도 하나님 앞에서 자신의 부족함을 인정하는 모습을 보며 도전을 받았다.

우리는 왜 전도를 해야 하는가? 하나님의 소원이기 때문이다. 이에 관해 바울은 디모데전서 2장 4절에서 "하나님은 모든 사람이 구원을 받으며 진리를 아는 데에 이르기를 원하시느니라"라고 말한다.

"저는 남은 인생 복음을 전하다가 천국에 가고 싶습니다!" 정말 신기한 일은 제자훈련을 받은 내나수 훈련생의 입에서 이런 고백이 나온다는 점이다. 누가 시켜서 하는 고백이 아니다. 이것은 정말 하나님의 은혜다.

왜 전도해야 하는가? 예수님의 명령이기 때문이다. 전도는 지상명령이다(마 28:19-20). 다시 말해 예수님이 우리에게 남기신 최고의 명령이다. 한 마디로 어명(御命)이다. 이 명령 앞에서 예외는 없다.

또한 사도 바울은 디모데후서 4장 2절에서 "너는 말씀을 전파하라 때를 얻든지 못 얻든지 항상 힘쓰라"라고 당부한다.

연일 터지는 한국 교회의 스캔들에 하나님은 쩔쩔매실 분인가? 대형 교회 목회자의 타락과 몰상식으로 인해 하나님도 타격을 받으실까? 천만의 말씀이다. 만약 그렇다면 하나님이 아니다. 하나님은 스스로 계신 분이다. 제아무리 교회가 매력을 상실하고 목회자들의 부끄러운 모습들이 우리를 힘들게 하더라도 그리스도의 복음은 지금도 살아 있다. 복음은 어찌하든지 전파되어야 하며, 지금도 전파되고 있다.

나가면 있고
안 나가면 없다

영적 세계는 이론만으로 온전히 깨달아지지 않는다. 아무리 이론을 100점 맞아도 실제로 자기가 해보지 않으면 남는 게 없다. 귀에 딱지가 앉을 정도로 빠삭하더라도 자기가 직접 안 해보면 소용이 없다. 전도하는 사람들은 이런 구호를 외치곤 한다. "나가면 있고 안 나가면 없다. 하면 있고 안 하면 없다." 전도는 실제다. 전도는 현장에서 이루어진다.

내가 신일교회에 3대 담임목사로 부임하던 당시, 부임 설교 본문이 시편 말씀이었다. "눈물을 흘리며 씨를 뿌리는 자는 기쁨으로 거두리로다. 울며 씨를 뿌리러 나가는 자는 반드시 기쁨으로 그 곡식 단을 가지고 돌아오리로다"(시 126:5-6). 가끔 그때 전했던 설교 원고를 꺼내 읽곤 하는데, 부끄럽지만 열정과 순수함은 지금보다 훨씬 마음에 든다.

시인은 눈물로 씨를 뿌리라고 한다. 본문에서 말하는 눈물의 씨앗은 무엇을 말하는 것일까?

기도로 뿌리는 씨앗

우리는 귀신을 내쫓는 것만 영적 전쟁으로 생각하는데, 그렇지 않다. 전도만큼 치열한 영적 전쟁이 없다. 사탄의 종노릇하던 사람을 하나님의 자녀로 데려오는 이 일은 얼마나 어려운지! 사탄의 발악은 불 보듯 뻔하다. 별의별 사건이 다 생기게 해서 전도의 통로를 막는다. 심지어 새생명축제 당일, 교통사고를 당해서 집회에 오지 못한 경우도 보았다. 전도하기 전에 먼저 기도해야 할 이유가 여기에 있다.

신일교회는 2002년부터 2015년까지 열네 차례의 새생명축제를 치렀는데, 이 과정에서 우리만의 노하우가 생겼다. 전 교인이 매일 저녁 8시에 모여서 40일 동안 연속으로 기도한다. 말이 전교인이지 나오는 사람은 10퍼센트에 불과하다. 하지만 기도회에 참석하는 그들이 기도 특공대들이고, 전도도 그들이 주축이 되어 이루어진다.

2002년 제1차 새생명축제를 준비하면서 처음 기도회를 열었을 때, 하필 중간에 추석 연휴가 있었다. 나와 아내, 그리고 지금은 하늘나라에 계신 신인자 권사님을 포함한 다섯 명이 모여 기도회를 했던 기억이 새롭다. 그렇게 새생명축제는 기도로 불을 붙이며 시작되었다.

이 기도회에는 정말 능력이 있다. 눈물로 기도의 씨앗을 뿌리기 때문이다. 여기에 참석해 기도하면 그렇게 눈물이 날 수가 없다. 기도회를 하면서 설교 본문이 준비되기도 한다. 어떤 경우에는 대지까지 다 잡힌다.

눈물의 씨앗은 반드시 꽃을 피운다

나는 새생명축제를 위해 지금까지 한 해도 거르지 않고 40일간 아침 금식을 해왔다. 그런데 2015년에는 주님이 특별한 마음을 주셨다. 2주 동안의 금식을 결심한 것이다. 사실 처음에는 두려운 마음도 있었다. '과연 14일 동안 금식할 수 있을까?' 주변에서 반대도 많이 했다. 마침 '세이레 특별 새벽기도회'(특새) 기간이어서 기도회도 인도해야 했지만, 다행히 생각보다는 힘들지 않았다. 정말 성령께서 함께하심을 느꼈다. 체중이 9킬로그램이나 빠졌지만, 영적으로는 힘이 솟았다. 지치지 않았다. 그 기간에 드린 기도의 제목은 모두 이루어졌다.

왜 이런 치열한 기도가 필요한가? 이것은 바로 영적 전쟁이기 때문이다. 2015년 특새 때는 기도를 하면서 정말 뱃가죽이 등에 붙도록 하나님께 매달렸다. 울면서 기도했다. 내 간절한 기도에 하나님은 은혜로이 응답하셨다. 태신자를 위해 기도할 때 눈물이 나와야 한다. 남편이 믿지 않는가? 눈물이 나와야 한다.

믿지 않던 남편을 전도하기 위해 새벽기도회에 나올 때마다 남편의 신발을 몰래 가지고 와서 기도했던 어떤 집사의 이야기가 기억난다. "하나님, 제 남편 신발입니다. 여기에 신발 주인도 오게 해주세요." 어느 날 남편이 술이 깨어 새벽에 화장실을 다녀오다 보니 신발이 없어진 게 아닌가? 이상해서 며칠을 두고 보니 아내가 새벽 기도회에 가면서 자기 신발을 가져가는 것을 알게 됐다. 무슨 일인지 자초지종을 듣던 중 남편의 마음이 동했고, 그 뒤로 예수를 믿게 되었다고 한다.

기도할 때 눈물로 씨앗을 뿌리면 언젠가는 싹이 트고 움이 돋는다. 바로 싹이 나지 않을 수도 있다. 하지만 언젠가는 꽃이 필 것이다. 열매가 보이지 않을 수도 있지만 인내해야 한다. 참아야 한다. 언젠가는 기쁨으로 단을 거두게 될 것을 바라며 말이다.

복음의 능력을 경험하다

땅 밟기를 통해 지역을 축복하며 전도하기도 했다. 이와 관련해서는 신학적인 논란이 있는 것이 사실이다. 우리가 생각하는 땅 밟기는 사탄에 대한 선전포고나 영적 전쟁의 개념보다는 신일교회 주변 지역의 영적 기상도를 알아보려는 의도가 더 강하다.

매년 새생명축제를 앞두고 독산2동에 있는 교회와 점집 혹은 절 등의 수를 조사한다. 그리고 이를 교회 앞에서 보고한다. 매년 이 행사를 통해 신일교회가 위치한 지역 내의 교회, 점집, 유흥업소 등의 증감을 보며 지역을 위해 기도한다. 이 지역에서 하나님의 나라가 확장되기를 기도한다. 우리가 밟고 다니는 땅, 무심코 지나다니는 건물들과 공간이 주는 의미를 나누면서 교회의 존재 목적을 새삼 확인한다. 함께 기도할 때 성도들의 마음이 뜨거워지며 지역을 사랑하는 마음이 생긴다.

이와 관련하여 한 가지 간증이 있다. 신일교회에서 500미터 정도 떨어진 골목에 몇 해 전부터 점집들이 생기기 시작했다. 처음에는 한두 개 정도여서 그러려니 생각했는데 점점 늘기 시작하더니 급기야는 열다섯 개가 되었다. 순간 나는 영적으로 위기감을 느꼈다. 하나님이 기도하라고 명하시는 신호임을 알았다. 이런 긴장감 속에서 그 골목을 지나가며 선포 기도를 했다. 새벽마다 이 문제를 놓고 기도했다. 성도들에게도 기도를 부탁했다. 성도들도 전도를 하면서 기도했다. 이제 그 점집들은 하나둘씩 없어지더니 지금은 한 개만 남았다.

이런 일도 있었다. 어느 날 내 방에서 잠깐 의자에 앉아 쉬고 있는데 갑자기 방문이 열리면서 이상한 바람이 획 하고 불었다. 순간 선잠이 깼는데 뭔가 찝찝한 기분이 들었다. 속으로 '이게 무슨 일일까?' 하면서 지나쳤는데, 며칠 후에 그 일의 의미를 알 수 있었다. 신일교회 옆에 주택 몇 채가 있는데 주차장 담과 나란히 위치한 주택 입구에 '영화사'라는 점집 간판이 붙은 것이다. 관리 집사를 통해 알아보았더니 며칠 전 60대 여인이 간판을 달더라는 소식이었다. 이 점쟁이가 무식하면 용감하다고, 계룡산에서 막 내려와서 정말 앞뒤 분간을 하지 못하는 모양이었다. 그러니 교회 바로 옆에 점집을 차렸지. 그날 이후로 나는 기도를 시작했다. 매일 새벽마다 영화사가 떠나기를 위해 기도했다. 새벽기도를 마친 후에는 점집을 보면서 선포 기도도 했다. 간판을 내걸었는데도 점을 보러오는 사람이 거의 없다는 것이 흥미로웠다.

그렇게 기도한 지 6개월이 지난 어느 날 영화사가 떠난다는 소식을 들었다. 기도로 승리한 것이다. 실제로 신일교회에는 무당이었다가 전도를 받아 교회에 나오는 분들이 여럿 있다. 이들 중에는 집사가 된 경우도 있다. 나는 이분들을 보면서 복음의 능력을 더욱 확신하게 되었다.

전도 개미군단

신일교회가 위치한 지역은 성장하기 어려운 조건을 다 갖추고 있다. 금천구는 경기도와의 경계 지역으로 서울시의 끝자락에 있다. 당연히 여러 개발 호재로부터도 소외되어 있었다. 게다가 도로변에서도 100미터 안으로 들어와야 하는 위치다. 또한 담임목사가 유명하거나 교회 건물이 특별한 것도 아니다.

그런데 이런 교회에 하나님의 은혜가 임했다. 전도가 된다. 어디서 알고 오는지 매주 예외 없이 새가족이 등록한다. 나는 이것을 기적이라고 생각한다. 매년 200명 이상이 등록하는데, 수평 이동 비율보다 초신자 전도 비율이 높다. 초신자 등록이 65퍼센트에 이른다. 요즘은 좋은 소문이 나서인지 수평 이동 비율이 높아지고 있지만, 아직도 6대 4 정도로 초신자 등록률이 높다.

이렇게 꾸준히 새 신자가 오는 것에는 다른 이유가 없다. 전도하기 때문이다. 한마디로 신일교회의 성장은 개심(改心) 성장이다. 특히 새생명축제 이후에는 보통 100명 정도가 등록하는데 이중 80퍼센트 이상이 초신자다. 물론 초신자는 교회 정착이 어렵다.

수평 이동의 경우 본인들이 교회를 정하고 등록하기 때문에 정착률이 높지만, 초신자들은 전도를 받아 왔기에 정착하는 것이 쉽지 않다.

 처근에 목자와 목녀(牧女)를 대상으로 설문 조사를 했다(신일교회는 목장의 리더를 '목자'와 '목녀'라고 부른다). 첫 번째 질문은 교회 이미지를 묻는 주관식 질문이었다. "신일교회 하면 제일 먼저 떠오르는 이미지는?" 결과를 보니 가장 많은 답이 "신일교회는 영혼 구원하는 교회다"였다. 그다음으로 "신일교회는 제자훈련하는 교회다"라고 했다. 교인들에게 신일교회는 '영혼 구원하여 제자 삼는 교회'라는 각인이 된 것이다.

 그렇다고 신일교회에 무슨 전도왕이나 전도 스타가 있는 것도 아니다. 신일교회는 개미군단이 움직인다. 개미는 작고 힘도 약하다. 하지만 모이면 못할 게 없다. 힘이 무궁무진해진다. 신일교회에는 전도하는 성도가 이처럼 개미군단처럼 활동한다. 사도 바울은 이런 전도자들의 발이 아름답다고 말한다. "아름답도다. 좋은 소식을 전하는 자들의 발이여 함과 같으니라"(롬 10:15).

 전도가 누구의 일인가? 당연히 하나님의 일이다. 우리가 할 일은 복음을 전하는 것이다. 복음을 전하면 성령께서 친히 일하신다. 솔직히 새생명축제를 앞두고 나도 많이 긴장한다. 그럴 때마다 목양실에 걸린 거울 앞에 서서 속으로 이렇게 묻는다. '하나님, 이게 제 일이 아니지요? 하나님 일이지요?' 하나님은 그런 나의 마음속에 "그래, 이 목사. 이건 내 일이야. 그러니 걱정하지 마라"라는 말씀을 주신다. 하나님이 주시는 평강을 덧입으면 평안한 마음으로 담대하게 복음을 전할 수 있다.

어떻게 전도 한 명 못하고 집사가 되었습니까

신일교회에 복음전도가 정착된 또 다른 이유가 있다. 장로님들이 열심히 전도하기 때문이다. 2002년 새생명축제 첫해에 강사분이 와서 "어떻게 전도 한 명 못하고 장로가 되었습니까? 어떻게 전도 한 명 못하고 권사가 되었습니까?"라고 직설적인 질문을 던졌다. 이 말에 중직자들이 충격을 받았다. 그 해부터 전도를 시작했는데 지금은 그분들이 얼마나 열심히 하시는지 모른다. 2015년 새생명축제에는 당회원들이 태신자를 71명이나 모시고 왔다. 권사님들도 정말 열심이다. 또한 제자훈련 수료생들도 전도를 열심히 한다. 열매도 풍성하다. 이 모두가 하나님의 은혜다.

제자훈련의 열매는 이처럼 복음의 증인으로 변화되는 삶으로 나타난다. 일차적으로는 자기 삶의 변화로 나타나지만, 이것으로 끝난다면 2퍼센트가 부족하다. 진정한 열매는 전도로 이어져야 한다. 변화된 성도는 삶의 모든 영역에서 예수를 주로 고백하고 증인의 삶을 살아간다. 이런 측면에서 제자훈련을 받은 훈련생은 마땅히 복음 증거의 사명을 감당해야 한다.

선고적
교회를 향해

신일교회는 '땅 끝까지 이르러 내 증인이 되라'는 지상명령을 실천하는 '선교하는 교회'다. 이를 위해 2005년에 고신남/심영미 선교사를 1호 선교사로 키르기스스탄에 파송했다. 이를 시작으로 2007년에는 강진원/문희은 선교사를 2호 선교사로 캄보디아에, 2008년에는 쿠르드족 선교를 위해 신여호수아/윤사랑 선교사를 3호로 파송했다. 2010년에는 4호 선교사로 김태호/장윤희 선교사를 인도네시아에, 그리고 2014년에 임종훈/김영아 선교사를 라오스로 파송하여 현재까지 모두 다섯 가정을 파송했다. 또한 2017년에는 한기영 장로, 이영분 권사 부부가 자비량 선교사로 자원해서 6호 선교사로 파송될 예정이다. 한 장로님은 정년을 3년이나 조기 은퇴하고 캄보디아로 갈 준비를 하고 있다. 평상시 "하나님, 신일교회 시무장로님들 중에서 선교사를 파송하는 역사가 일어나면 좋겠습니다"라고 소망하며 기도하던 제목이 드디어 이루어진 것이다.

찰스 벤 엔겐(Charles Van Engen)이 말한 대로 이제 교회는 한 지역 내의 교회에서 교회가 아닌 곳으로, 교회 안에서도 신앙이 있는 곳에서 없는 곳으로 이동해야 한다. 신일교회는 이러한 '선교적 교회'(Missional Church)를 지향한다.

예수님의 공생애를 통해 알 수 있듯이, 주님이 세상에 오신 목적은 진도하기 위함이있다. "이르시되 우리가 다른 가까운 마을들로 가자. 거기서도 전도하리니 내가 이를 위하여 왔노라 하시고"(막 1:38). 전도하는 일이 예수님의 본업이었다. 예수님은 직접 귀신을 내쫓고 사탄을 이기셨다. 그뿐만 아니라 제자들에게 귀신을 내어쫓는 권세까지 주셨다. 제자들도 복음을 전해야 했기 때문이다. 주님의 제자는 이처럼 복음전도를 첫 번째 사명으로 삼아야 한다.

신일교회 복음전문

연구년 기간에 미국에서 고등학교 후배를 만났다. 그는 예일대 대학원에서 박사과정을 밟는 수재였다. "혹시 교회 다니냐?" 물었는데, 한 번도 가본 적이 없다는 말을 듣고 놀랐다. 그 후배에게 꼭 복음을 전하고 싶었다. 그래서 귀국하기 며칠 전 점심 약속을 잡아 식사했다. 그때 후배와 대화하면서 복음을 나누었는데, 좀 더 일목요연하게 복음의 핵심을 전할 수 있는 전문(全文)이 있으면 좋겠다는 생각이 들었다. 그리하여 '신일교회 복음전문'을 만들었다.

돈으로 좋은 침대를 살 수는 있어도 평안한 잠을 살 수는 없습니다. 좋은 집을 살 수는 있지만 행복한 가정을 살 수는 없습니다. 모든 것을 가졌다고 해서 평안하다고 할 수 없고, 진정한 행복을 얻었다고 할 수 없습니다. 왜냐하면 인간은 하나님을 떠나서는 살 수 없는 영적인 존재이기 때문입니다. 하나님을 떠난 인간은 진정한 평안과 행복을 얻을 수 없습니다.

원래 인간은 하나님과 교제하는 영적인 존재였습니다. 그러나 죄로 말미암아 하나님과의 교제가 단절되고, 불행한 삶을 살게 되었습니다. 하나님을 떠난 인간은 공허해지고 고통을 당하기 시작했습니다. 이 문제를 해결하기 위해 오신 분이 예수 그리스도이십니다.

하나님을 떠난 인간을 구원하시기 위해 하나님은 자신의 아들 예수 그리스도를 보내셨습니다. 예수님은 당신을 위해 십자가에서 피를 흘려 죽으시고 사흘 만에 다시 살아나셨습니다. 그분이 우리의 모든 죄를 용서하시고 구원하셨습니다. 이제 우리는 예수 그리스도로 인해 생명의 길로 갈 수 있게 되었습니다.

인생을 살다 보면 이해되지 않고, 해결되지 않는 수많은 문제에 부딪힙니다. 왜 하필 나에게 이런 어려움(질병, 가정 불화, 자녀, 경제적 어려움 등)이 오는 것인가? 이 문제를 어떻게 하면 극복할 수 있을까? 나는 왜 다른 사람처럼 행복하게 살지 못하는 것일까?

저도 지금까지 살아오면서 어려움을 당할 때마다 그렇게 생각하면서 하나님과 사람을 원망하였고, 모든 것을 환경 탓으로 돌리며 체념하기도 했습니다. 가난한 부모를 원망했고, 이 땅에서 태어난 것을 원망하기도 했습니다.

그런데 힘들고 어려웠을 때 정말 소중한 분을 만났습니다.

그분을 만난 이후부터 제 인생은 큰 복을 받았습니다.

풀리지 않던 인생 문제도 해결되었습니다.

불행하다고 생각했던 저의 삶이 행복해졌습니다.

우리 인생에 여러 갈림길이 있듯이 우리 영혼에도 반드시 갈림길이 있습니다. 영혼과 육신을 함께 가지고 있는 인간은 이 세상을 떠나는 순간, 천국에 가거나 지옥에 가게 됩니다. 우리는 오직 예수 그리스도를 통해서만 천국에 들어갈 수 있습니다. 예수 그리스도를 믿으면 구원을 얻고 천국에 들어갈 수 있습니다.

당신은 어떤 길을 선택하시겠습니까?

제자훈련과 새생명축제

이영호 장로

2001년 7월 신일교회에 이권희 목사님이 담임으로 부임할 때, 나는 시무집사 2년 차였다. 그때까지 신일교회는 여러모로 한국의 전형적인 전통 교회의 모습을 많이 갖고 있었다. 담임목사보다 장로들의 결정 권한이 훨씬 크다 보니 교회는 장기간 성장이 더뎠고 영적으로도 침체 상황이었다.

교회 안에 평신도를 세워가는 양육이나 훈련 프로그램은 거의 없었으며, 1년에 한두 번 노방 전도를 하다가 전도부에서 태신자 전도집회를 처음으로 시도해보려던 시점이었다. 그마저 전도부서만의 행사에 지나지 않을 만큼 성도들의 참여도 저조했고 결과는 예상대로 빈약했다.

이권희 목사님이 부임한 이듬해 가을, 신일교회는 처음으로 새생명축제를 열었다. 당시 나는 전도부장으로 새생명축제를 기획하고 준비했는데, 그전까지는 1년에 겨우 한두 번 정도 노방 전도만 해본 부끄러운 직분자였다. 모태 신앙인으로서 예수님의 지상명령인 전도에 대해 누구보다 많이 듣고 알았지만, 정작 내가 전도하여 회심케 한 믿음의 자녀는 아직 없던 시절이었다.

2001년 이후 지금까지 변함없이 지속하는 목회 프로그램은 세 가지가 있는데, 세이레 특별 새벽기도회, 제자훈련, 새생명축제가 그것이다. 장로와 권사들에 이어 2003년에는 시무집사들이 제자훈련을 받았다.

제자훈련의 목적은 예수 그리스도의 인격과 삶을 본받으며 신자의 자아상을 확립하는 데 있다. 인격적인 면에서는 예수님을 닮고, 사역적인 면에서는 예수님의 사역을 계승하게 하는 것이나. 세상에 오셔서 가르치고 전파하고 치료하신 예수님의 사역에 동참하는 일이다.

우리는 제한된 여건 속에서 훈련을 받았지만, 서로의 삶을 나누며 끈끈한 동지애로 똘똘 뭉쳤다. 늘 최선을 다해 훈련에 임했다. 훈련자와 훈련생들이 믿음 안에서 마음속 깊은 생각들까지 나누었다. 자신을 객관적인 시각으로 바라볼 수 있었고, 문제점과 약한 부분을 개선하고 치유받는 일들이 다반사로 일어났다.

제자훈련을 통해 받은 소감을 몇 가지로 정리해본다.

첫째, 성숙한 그리스도인으로 성장하려는 소원이 생기고 균형 잡힌 신앙생활이 시작되었다. 제자훈련 교재는 구원 진리를 복음과 교리와 생활의 삼중 관계로 파악하고 있어 깨달음과 삶에서 균형을 이루도록 구성되어 있었다.

둘째, 평신도는 일방적으로 가르쳐야 할 대상에서 목회의 동역자로서 인정을 받았다.

셋째, 담임목회자의 목회 철학을 이해하고 비전을 공유하는 좋은 기회였다. 제자훈련 기간은 물론이고, 수료 후 사역에 동참하면서 함께 하나의 방향을 바라보며 나아갈 수 있었다.

넷째, 교회론에 대한 확실한 이해는 당회원으로서 소중한 자산이 되었다. 《평신도를 깨운다》에 언급된 교회론은 마음에 깊이 자리 잡았다. "지상에 있는 교회는 사도의 계승자로서 세상으로 보냄받은 소명자로 살아가야 한다"(한스 큉). 교회는 사도들의 교훈(가르침)과 사역을 계승하였으므로 구원받은 자의 모임에 머무르는 것이 아니라, 세상으로 보냄받았다는 사도성을 가져야 한다는 내용이었다.

이제는 교회가 부흥하기 위해서가 아니라, 줄어들지 않기 위해서라도 전도해야 한다. 사회적으로는 반기독교적 정서가 팽배하고, 또 많은 젊은이들이 교회를 떠나고 있어 전도 환경은 어느 때보다 좋지 않은 상황이다. 더군다나 인구도 고령화되고 주일학교에 나오는 다음 세대도 급격히 줄어들면서, 실제로 각종 통계 자료에서도 마이너스 성장을 보여주고 있다. 국내 개신교 선교 130년 역사상 최대 위기라는 생각이 든다. 교회가 상황의 심각성을 제대로 인식하지 못하거나 적절한 대안을 적극적으로 모색하지 않는다면, 더욱 가파르게 침체 일로를 걸을 수밖에 없다. 지명도가 있는 대형 교회들은 성도들의 수평 이동을 통해 그나마 명맥을 유지하겠지만, 각 지역의 일반 교회들은 현상 유지를 하기에도 힘겨울 것이다.

새생명축제를 하면 전도에 대한 관심이 교회 저변으로 확대되고, 연중 꾸준하게 새가족이 등록한다. 이로 인해 정착과 양육 및 훈련 프로그램이 활성화되어 교회에 생기가 돌며 양적으로 질적으로 성장한다. 복음의 재생산이 이루어지는 교회는 밝고 활기차며 주일학교도 부흥한다. 교회 여기저기에서 다양하고 놀라운 변화가 일어난다.

목사님, 제자훈련이 정말 행복해요

만약 신일교회에 새생명축제가 없었더라면, 언젠가 하나님 앞에 섰을 때 "악하고 게으른 종아! 이 무익한 종을 바깥 어두운 데로 내쫓으라"(마 25:26, 30)라는 책망을 받았을지도 모르겠다. 생각만 해도 섬뜩하고 등골이 오싹해진다.

영혼 구원은 하나님의 소원이며(딤전 2:4) 교회의 본질이다. 전도가 예수님의 지상명령임을 잘 알지만, 우리는 평소 복음 전하는 일에 전념하기가 쉽지 않다. 그러므로 교회마다 특정한 기간을 성하여 전 성도들이 함께 집중하여 전도할 수 있는 환경과 여건을 주기적으로 만들어주는 것이 좋겠다.

주께서 보내신 그 길 위에 서리라

이영분 권사

제자훈련을 받은 후 벌써 10년이란 시간이 흘렀다. 막연히 하나님의 영광을 위해 살아야 한다고는 알고 있었다. 하지만 구체적으로 무엇을 하면서 남은 인생을 보내야 하는지를 두고 새롭게 눈을 뜨게 된 것은 제자훈련 덕분이었다. 성장하고 변화되면서 비전을 발견했던 고마운 시간이었다.

어린 시절 더 많이 공부하고 싶었지만 가정 형편상 학업을 포기할 수밖에 없었던 나는 이렇다 할 꿈도 꾸어보지 못한 채 젊은 시절을 보냈고, 준비 없이 엄마가 되었다. 내가 못다 이룬 꿈을 자식을 통해 이루고 싶어서 그랬는지 아이들의 성적에 집착하게 되었고 그것이 아이들을 무척 힘들게 했다. 노력도 하지 않고 꿈조차 없는 아이들의 미래가 막막하고 불안했기 때문이었다. 내 힘으로는 도저히 해결할 수 없어 눈물로 나아갈 수밖에 없었던 그 기도제목들은 나를 위한 하나님의 계획이자 선물이었다.

지금은 꿈을 갖고 열심히 살아가는 변화된 아들을 보면서, 어느 날 물었다. "아들, 옛날에 이렇게 열심히 했으면 얼마나 좋았을까?" 그러자 이런 대답을 하는 게 아닌가? "그때 제가 정신 차렸다면 엄마가 그렇게 매달렸겠어요? 엄마의 연단을 위한 도구였던 거예요." 농담이 었지만 그 말이 정말 맞는다는 생각이 들었다. 우리는 바라는 것들이 빨리 해결되기만을 원하지만, 하나님은 하나님의 때에 하나님의 방법 으로 준비한 것들을 주신다. 그리고 그때가 내게는 최고이자 최상임 을 이젠 안다.

어느 날 외국인 선교사들이 잠들어 있는 양화진에 다녀왔다. 이름 도 들어본 적 없는 조선이라는 나라, 유교와 불교문화로 서양인들이 발붙이기 힘들었던 그 시절, 그래서 생명까지 무릅써야 했던 그분들 의 이야기가 아직도 살아 숨 쉬는 그곳에서 나는 벅차오르는 감동과 전율을 느꼈다. 부족함 없이 편히 사는 길을 버리고, 그분들은 왜 이 낯선 땅에 와서 생명까지 바쳤을까를 깊이 생각했다.

이후 교회에서 캄보디아로 단기선교를 갔다. 모든 건축물에 뱀과 부처의 형상이 있고, 집과 상점 앞에는 우상을 섬기는 제단들이 있으 며, 내전으로 인해 죽어간 수많은 사람의 해골이 돌아다니고, 가는 곳마다 몰려오는 불쌍한 아이들… 너무도 열악하게 살아가는 그들 을 보면서 우리나라에 처음 복음을 전하기 위해 선교사들이 왔을 때 도 이런 분위기가 아니었을까 하는 생각이 들었다. 그들의 희생과 복 음으로 인해 우리나라가 이토록 복을 받고 평안히 예배하며 하나님 의 자녀로 살아갈 수 있음에 다시 한 번 감사했다.

캄보디아에 도착해 이근희 선교사님이 섬기시는 교회에 갔다. 그곳 에서 티 없이 맑은 아이들이 '할리 할렐루야'를 찬양하는 모습에 나도 모르게 하염없이 눈물이 났다. '아! 하나님 여기에도 계셨군요. 이 열 악하고 상처받은 이들을 위해 이곳에도 주님이 계셨군요.' 내가 있어야 할 곳도 바로 이런 곳임을 깨달았다. 남편도 나와 똑같은 마음임을 알게 되었고, 그때부터 우리 부부의 기도제목은 바뀌었다.

아이들도 성년이 되어 이제 독립해도 될 나이로 자랐다. 아이들에게 우리의 계획을 말하며 의견을 물으니, 자기들 걱정은 하지 말고 선교하라고 응원한다. 남편의 퇴직이 몇 년 남기는 했지만 30년이란 긴 시간 가족을 위해 살았으니 이제 남은 시간은 기도하며 마음으로 준비해온 선교로 새로운 인생을 살고자 한다.

2016년 6월로 명예퇴직을 신청하고, 본격적으로 GMS 선교 단체에서 운영하는 LMTC 선교 훈련에 들어갔다. 그리고 앞으로 취업 비자를 받는 데 도움이 될 수도 있어 외국인을 위한 한국어 교원 자격증을 준비하고 있다. 막상 구체적으로 시작하니 두려움도 있고 염려가 되기도 한다. 아직 선교지도 정해지지 않았고 확실한 것은 아무것도 없다. 하지만 아브람이 갈 바를 몰랐으나 하나님의 인도하심을 따라갔던 것처럼 우리도 그렇게 나아가려 한다.

"나는 아이라 말할 줄을 알지 못하나이다"라고 고백한 예레미야처럼, 말도 잘 못 하고 능력도 없지만, 당신의 종들을 사용하셨던 하나님을 믿고 나아간다. 어부였던 베드로를 성령 충만하게 하셔서 담대히 복음을 전하게 하시고, 복음을 전하다 순교의 은혜도 주신 하나님을 의지하며 나아간다. 단지 먼저 믿었고 하나님의 사랑을 먼저 받은 자로서, 거저 받은 그 사랑을 삶으로 전해주고 싶다.

우리는 한 치 앞을 알 수 없는 급변하는 시대를 살아가고 있다. 옳고 그름의 기준이 사라져버렸고, 악한 자들이 득세하는 사사 시대와 같은 이 세대를 보면서 주님 오실 날이 얼마 남지 않았음을 실감한

목사님, 제자훈련이 정말 행복해요

다. 그 날까지 우리에게 주어진 사명이고 나아갈 길이기에 주님만 믿고 간다. 제자훈련을 통해 비전을 주시고 여기까지 인도하신 하나님께서 앞으로의 남은 인생 여정 또한 인도해주시리라 믿는다. 신실하신 나의 주 하나님을 찬양하며 감사와 영광을 올려 드린다.

4부

교회의
미래는
여기에 있다

소그룹의 성패는 소그룹 리더의 자질에 달려 있다.
그냥 리더가 아닌 '훈련된' 리더가 필요하다. 훈련된 리더가 생명이다.
리더에 따라 소그룹이 달라진다.
소그룹을 한 교회에 소속된 작은 교회로 생각한다면,
훈련되지 않은 지도자에게 그 작은 교회를 맡길 수는 없는 법이다.

제자훈련 목회자는 단순히 훈련만 시키는 사람이 아니다.
훈련생들의 영적인 상태에 대해서 꾸준히 관심을 두고 목양적 시각으로 살펴야 하는데,
그러기 위해서는 당연히 시간과 마음을 투자해야 한다.
다른 일로 바빠서 사람들의 고뇌를 들어줄 만한 마음이나 여유가 없으면
훈련생들은 인도자를 믿고 따라오지 않는다.

재생산은
교회의 생명이다

목회하면서 풀어야 할 문제들이 얼마나 많은가? 목회 현장에서 범하는 대표적인 실수 중 하나는 한 사람의 리더를 세우는 것보다 건물이나 프로젝트를 더 크게 보고 거기에 매달리는 일일 것이다.

이것은 영적 착시이다. 건물은 영원하지 않다. 프로그램도 오래 가지 않는다. 교회의 미래는 건물이 아니라 사람이다.

선배 목회자들은 "교회에 돈이 있으면 문제가 생긴다"라고 말한다. 교회 재정이 늘어나면 선한 일에 더 힘을 쓸 수 있어 좋을 것 같은데 오히려 영성은 더 약해진다. 돈은 영성을 약화한다.

프로그램은 어떤가? 여러 프로그램을 도입해 돌리면 당장은 활기가 넘치는 것 같다. 뭔가 될 것 같다. 하지만 프로그램은 교인들을 금방 물리게 만든다. 지치게 한다. 마치 신기루와 같다. 교회를 진정 강하게 만들려면 제자훈련을 통해 리더를 세워야 한다.

미국에서 유학할 때 섬기던 교회에서 담임목사의 스캔들로 인해 문제가 생겼다. 이민 교회가 그런 상황이 되면 십중팔구는 어려워진다. 하지만 그 교회는 별로 요동이 없었다. 이유가 뭘까 생각해보았다. 그것은 10년이 넘는 동안 교회에서 〈CCC 10단계〉로 3백 명 이상의 견실한 리더를 세워놓았기 때문이었다. 리더들이 세워지니까 문제가 생겨도 성도들이 힘을 모아 넉넉히 헤쳐나갈 수 있었다.

그러니 제자훈련을 통해 리더를 만들어야 한다. 그것도 강한 리더를 만들어야 한다. 영적 전쟁에서 겨우 살아남는 수준이 아닌 사탄의 궤계를 부수고 견고한 진을 파할 수 있는 리더를 세워야 한다. 그렇다면 이 일은 어떻게 가능한 걸까?

목적을 점검하라

산악인 엄홍길 대장은 "산에 올라가는 등반대의 대장이 산을 모른다면 대원들을 제대로 끌고 갈 수 없다. 대장의 자신감과 통찰력은 산에 대한 경험과 지식이 뒷받침되어야 가능하다. 자신을 제대로 모르면서 의욕만 가지고 덤비는 사람을 산은 가만두지 않는다"라고 말했다.

리더는 목적을 바로 알아야 한다. 제자훈련을 하면서도 내가 훈련시키는 이 사람이 온전한 제자가 되어 또 다른 제자를 세우게 될 것이라는 확신이 없을 때가 있다. 목적의식이 분명하지 않기 때문이다.

'한 사람 철학'을 가지고 생명을 걸어야 하는데 그렇게 하지 못하는 것이 문제다. 다시금 제자훈련의 목적을 생각해야 한다. 교회의 존재 목적으로 돌아가야 한다. 교회는 영혼을 구원해서 제자 삼기 위해 존재한다. 이 목적을 위해 평신도를 세워야 한다. 이제 '평신도'라는 단어는 담임목사를 조력하는 차원에서 벗어나 함께 뛰는 동역자의 개념으로 바뀌어야 한다. 더 나아가 그는 자신과 같은 또 한 명의 제자를 만드는 리더가 되어야 한다.

토양을 바꾸라

리더십을 흔히 농사짓는 일에 비유하기도 한다. 농사는 열매로 말한다. 제자훈련에도 열매가 필요하다. 제자훈련을 쉽게 포기하는 이유 중 하나는 열매가 없기 때문이다. 좋은 열매를 맺으려면 가지치기가 필수다. 비유하자면 제자훈련은 가지치기를 해서 나무가 스스로 열매를 맺을 힘을 키워주는 것과 같다.

하지만 더욱 중요한 부분이 있다. 바로 토양이다. 토양이 좋아야 열매가 달라진다. 예수님도 마태복음 13장에서 씨앗이 좋은 땅에 뿌려져야 30배, 60배, 100배의 열매를 거둔다고 말씀하셨다.

토양은 마음 밭이다. 리더의 성품이다. 리더가 또 다른 리더를 세우려면 마음이 달라져야 한다. 리더를 만드는 것은 기술이 아니다. 제자훈련을 하면서 점점 이 사실을 절감한다. 리더의 마음, 즉 토양을 바꾸어주어야 한다.

리더의 몫은 리더를 만드는 것

"목사님은 평생 제자훈련 목회에 힘써 오셨습니다. 스스로는 예수님과 얼마나 닮았다고 생각하시는지요?"

2010년 한 조간신문의 기자와 인터뷰를 하면서 옥한흠 목사님은 이런 질문을 받았다. 그분은 잠시 생각하더니 이렇게 답하셨다. "6년 전 은퇴할 때 평신도 지도자들을 모아놓고 '옥 목사가 예수님을 닮았다고 생각하는 사람은 손들어보세요'라고 했더니 모두 웃기만 하고 손을 들지 않았습니다. '그러면 옥 목사가 예수님처럼 되고자 노력했다고 생각하는 사람?' 했더니 모두 손을 들더군요. 사실 제대로 노력도 못 했는데 좋게 봐주어서 감사한 일이지요."

그렇다. 주님의 제자로서 말씀을 듣고 순종해본 경험이 있어야 또 다른 리더를 만들 수 있다. 먼저 예수님을 닮으려고 분투해본 경험이 없는 리더는 영적 권위를 가질 수 없다. 내가 얼마나 분명한 목표 의식을 가지고 있느냐가 관건이다. 결국 리더를 만드는 것은 리더의 몫이다.

구역 모임에서
소그룹으로 전환하기

소그룹은 교회 공동체에서 심장과 같은 역할을 담당한다. 교회 공동체에 활기와 생명력을 공급하기 때문이다. 또한 어머니의 자궁과도 같다. 리더를 낳는 산실이기 때문이다. 그러므로 소그룹 중심의 교회로 전환하겠다는 것은 나눔과 섬김 그리고 재생산까지 가능한 교회 내의 '작은 교회'를 만들겠다는 다짐과도 같다.

소그룹의 가장 큰 목표는 공동체성의 회복과 영혼 구원에 있다. 교회 내부적으로는 성숙한 공동체를 이루는 것이고, 외부적으로는 주님의 지상명령을 준행하는 전도에 집중하는 것이다. 공동체성의 회복은 하나님을 섬기고 형제자매끼리 연합하면서 세상을 섬기는 데서 시작한다.

문제는 전통 교회에서 소그룹으로의 전환이 절대 만만치 않다는 데 있다. 기존의 구역 시스템에 너무 길들어 있기 때문이다. 구역은 가까운 이웃끼리 일주일에 한 번씩 모여서 예배하는 조직이다. 따라서 구역장이 모임에서 일방적으로 '설교'하는 경우가 많다. 물론 구역 모임의 장점도 있지만 지역 친목 모임이라는 한계를 넘기는 쉽지 않다.

담임목사의 분명한 소신과 비전

그러므로 소그룹 전환에서 가장 중요한 것은 담임목사의 확고한 소신과 비전이다. 성경과 개인적인 확신을 토대로 소그룹 전환의 중요성을 충분히 인식한 후, 여기에 목회를 걸어야겠다는 각오와 다짐이 필요하다. 그렇지 않으면 교인들이 반대하거나 소그룹 전환 과정에서 문제가 생길 때 쉽게 흔들리면서 결국 소그룹 전환을 포기하기 쉽다.

소그룹 전환에 앞서 담임목사가 충분히 연구하고 다양한 소그룹 형태를 체험해보아야 하는 이유가 여기에 있다. 신일교회도 예외가 아니었다. 나는 가정교회와 셀에 대한 책을 여러 권 읽으면서 연구했다. 필요한 경우 세미나에 참석하기도 했다. 그런 후에 신일교회에 소그룹 전환이 필요하다는 결론을 내렸다. 당회에 이 부분을 말씀드려 허락을 받았다. 그리고 2010년에 드디어 소그룹 전환을 시도했다. 신일교회는 제자훈련을 중심으로 하는 가정교회의 형태를 택했다. 일산화평교회를 롤 모델로 삼았다. 실제로 소그룹 리더들이 세미나에 참석해서 가정교회를 간접적으로 체험하는 시간도 가졌다.

철저한 준비와 실행

1. 소그룹 정리 정돈

소그룹이 살아나려면 소그룹에 불필요한 것들을 정리하고 정돈해야 한다. 정리와 정돈은 다르다. 정리가 없애는 것이라면, 정돈은 질서 있게 배열하는 것이다. 소그룹도 마찬가지다. 소그룹에 불필요한 것들을 없애야 한다. 기존의 비효율적인 소식이나 프로그램, 행사 등을 없애거나 축소하는 용기가 필요하다. 소그룹 외에 다른 모임에 불필요한 에너지를 쏟으면 소그룹 정착은 쉽지 않다.

신일교회는 이를 위해 기존의 남녀 전도회를 정리했다. 사실 전도회는 중요한 조직이다. 복음전도뿐만 아니라 비슷한 연령층의 친목 도모에 중요한 역할을 해왔다. 하지만 소그룹과 시간이 겹치기도 하고 에너지를 분산시킨다는 판단이 서자 과감하게 정리할 수 있었다.

2. 소그룹 조직 개편

본격적인 소그룹 전환은 조직을 개편하는 것으로 시작한다. 먼저 명칭부터 바꾸는 게 좋다. 가령 구역이라는 단어를 목장 혹은 순 등으로 바꿀 것을 제안한다. 그리고 구역장 대신 목자(목녀) 혹은 순장으로 부르는 것이 좋다. 권찰은 예비 목자로, 구역원은 목원, 순원 등으로 바꾼다. 지역이라는 단어는 교구 혹은 공동체로 바꾸는 게 좋다. 신일교회는 교구로 바꾸었다.

3. 부부 소그룹 신설

남자들은 낯선 모임에 가면 다른 사람에게 먼저 다가가거나 말을 건네지 않는다. 그러다 보니 남성 소그룹으로 모이면 분위기가 서먹서먹하다. 이때 여성이 한 사람만 섞여 있어도 분위기는 완전히 달라진다. 따뜻하고 정감이 넘친다.

부부 소그룹은 남성과 여성이 함께 섞여 있어서 남성들도 비교적 쉽게 적응할 수 있다. 물론 부부끼리 비교가 되는 단점도 있다. 하지만 신일교회의 경우는 부부 소그룹에서 남성 리더십이 더욱 살아나는 것을 보았다. 남성의 교회 적응과 변화를 위해서는 최상의 환경이라고 생각한다. 30, 40대 젊은 부부의 경우는 더더욱 유익하다. 현재 100개의 소그룹 중에서 부부 소그룹은 27개다. 부부 소그룹은 분가하기도 쉽다. 그만큼 역동성이 강하다.

꾸준히 성장하는 소그룹 리더

S 기업이 운영하는 AS 센터에 가면 탁월한 서비스 품질에 무척 놀란다. 감동될 정도다. 제품 하나 파는 데서 끝나지 않고 소비자가 그 제품을 기분 좋게 효율적으로 사용할 수 있도록 지속해서 서비스를 제공한다.

반면에 교회는 어떤가? 일반적으로 교회에서 리더는 소모품 취급을 받는다. 이런 환경에서 건강하고 헌신적인 리더가 지속해서 나오길 기대하는 건 무리다. 목회자는 수고하고 애쓰는 소그룹 리더들을 위해 꾸준히 '애프터서비스'를 해주어야 한다.

우선 소그룹 리더들을 위해 계속된 훈련과 교제를 제공하면서 지속가능한 시스템을 마련해야 한다. 사실 소그룹 사역을 하다 보면 리더들 스스로 영육이 지칠 때가 있다. 이런 기간이나 횟수가 오래되면 침체에 빠지고 결국 탈진한다. 하지만 소그룹 리더를 위한 업그레이드된 교육과 훈련이 적절한 시기에 제공된다면 이 난관을 쉽게 극복할 수 있다. 훈련뿐만 아니라 위로와 격려도 함께 필요하다. 리더들을 교육하고 격려하는 일이야말로 소그룹을 세우는 데 있어 필수 코스다.

신일교회에서는 매주 목자, 목녀 모임을 갖는다. 그들이 소그룹 사역을 하는 데 필요한 미니 강의를 한다. 담임목사와 부교역자들이 돌아가면서 귀납적 성경연구, 리더십, 이단 연구, 소그룹 운영법 등을 강의한다. 그리고 사역하면서 느낀 점을 간증하고 서로 나누는 시간을 갖는다.

연초에는 세미나를 연다. 1박 2일로 야외에 나가서 함께 웃고 함께 우는 시간을 갖는다. 연말에는 '목자와 목녀의 밤' 행사를 준비한다. 내가 생각하기에, 교회에서 가장 힘든 사역을 감당하는 분들은 바로 목자/목녀(소그룹 리더), 교사 들이다. 소위 '3D 업종'이다. 이 사역이 힘든 까닭은 '영혼을 돌보는 사역'이기 때문이다. 하지만 슬프게도 이런 분들에 대한 배려는 거의 없다. 물론 사역을 하는 목적이 인정을 받으려는 것은 아니지만, 적어도 그들의 노고를 알아주는 것은 필요하다고 생각한다. 그래서 신일교회는 매년 '목자와 목녀의 밤', '교사의 날' 행사를 갖는다.

'목자와 목녀의 밤'은 매년 12월 말 목장(소그룹)이 종강하는 시점에 갖는다. 장소는 교회가 아닌 외부로 잡는다. 먼저 자유롭게 식사를 하면서 한 해 동안 섬기면서 경험했던 이야기로 담소를 나눈다. 이후에는 선물 교환을 한다. 부담되지 않는 선에서 각자 준비한 선물을 나누는데 선물과 함께 카드나 메시지를 담아 축복하는 마음을 전한다. 한번은 담임목사가 리더들에게 보내는 편지를 낭독하는 시간을 갖기도 했는데, 리더들이 모두 감동을 받았다. 이처럼 '목자와 목녀의 밤'은 한 해 동안 소그룹 리더들의 섬김에 감사와 격려의 마음을 전하는 의미 있는 시간이다.

훈련된 리더가 소그룹의 성패를 좌우한다

소그룹의 성패는 소그룹 리더의 자질에 달려 있다. 그냥 리더가 아닌 '훈련된' 리더가 필요하다. 훈련된 리더가 생명이다. 리더에 따라 소그룹이 달라진다. 소그룹을 한 교회에 소속된 작은 교회로 생각한다면, 훈련되지 않은 지도자에게 그 작은 교회를 맡길 수는 없는 법이다.

소그룹 전환 과정에서는 시행착오가 꼭 있게 마련이다. 소그룹 목회로 유명한 윌로우크릭교회도 수많은 시행착오를 거치면서 오늘날의 모습으로 정착되었다. 신일교회도 많은 시행착오를 하면서 지속해서 소그룹 사역을 업그레이드해오고 있다.

이를 위해 담임목사는 훈련된 리더를 세우는 일에 주력해야 한다. 나는 여기에 모든 우선순위를 집중했다. 노회나 취미 생활도 잊은 지 오래됐고, 제자훈련과 목양 외에는 다른 것에 신경을 분산시키지 않았다.

사실 제자훈련을 몇 년 하다 보면 교재의 내용이 머릿속에 다 들어 있으므로 인도자도 매너리즘에 빠져 준비를 소홀히 하면서 태도가 흐트러질 때도 있다. 그런 날에는 훈련생들도 눈치를 챈다. '목사님이 준비를 별로 안 하고 왔구나.'

어떤 날에는 너무 바빠 교재 준비를 제대로 하지 못하고 훈련에 들어갔다. 신기하게도(?) 그날 훈련은 깊이가 없었고, 훈련생들도 자기 속마음을 제대로 드러내지 않았다. 그래서 무슨 일이 있어도 제자훈련 준비만큼은 철저히 해야 함을 배웠다. 지금도 매년 새롭게 내용을 준비하고 훈련생과 같은 마음으로 예습한다.

제자훈련 목회자는 단순히 훈련만 시키는 사람이 아니다. 훈련생들의 영적인 상태에 꾸준히 관심을 기울이고 목양적 시각으로 살펴야 하는데, 그러기 위해서는 당연히 시간과 마음을 투자해야 한다. 다른 일로 바빠서 사람들의 고뇌를 들어줄 만한 마음이나 여유가 없으면 훈련생들은 인도자를 믿고 따라오지 않는다. 사실 담임목사나 리더가 훈련생들과 개인적으로 많은 이야기를 나눈다는 것이 절대 쉽지가 않다. 제자훈련에 미치지 않으면 이렇게 할 수 없다.

이처럼 제자훈련 지도자들은 평신도 사역자들을 훈련하고 가르치는 일에 모든 열정을 쏟아야 한다. 그렇지 않으면 일시적으로 잘될 수는 있으나 지속적인 생명력을 유지하기는 어렵다. 기초 체력이 부실하면 건강한 성장은 요원하다. 그런 의미에서 제자훈련과 소그룹 목회는 떼려야 뗄 수 없는 관계다. 제자훈련을 통해 소그룹에 정말 중요한 리더를 세우는 것이기 때문이다. 소그룹이 살아야 교회가 산다.

목사님, 제자훈련이 정말 행복해요

또 오고 싶은 소그룹 운영, 이렇게 하라

소그룹은 많은 교회에서 구역, 다락방, 속회, 순 등의 이름으로 불린다. 하지만 상당수의 교회에서 소그룹은 그저 매주 한 번 모이는 친목 모임의 수준을 벗어나지 못하고 있다. 또한 구역장이 일방적으로 설교하고 끝나는 '주일예배의 축소판'이거나, 몇 년 혹은 몇십 년이 지나도 번식하지 못하는 생명력을 잃은 조직으로 전락한 경우도 많다. 어떻게 하면 소그룹에 목회자나 성도들이 애정을 쏟게 할 수 있을까? 사람들이 또 오고 싶어 하는 소그룹을 만들기 위해서는 어떤 과제들을 풀어가야 할까?

1. 소그룹이 교회의 핵심가치가 되게 하라

소그룹이 활성화된 교회의 사명선언문을 보면 교회의 핵심가치에 '소그룹'이 명시되어 있다. 윌로우크릭교회는 소그룹에 대한 양적, 질적 목표를 이렇게 밝힌다. "윌로우크릭을 본 교회로 부르

는 모든 사람이 공동체 안에 있을 자리를 제공한다." 즉, 모든 성
도는 자격을 갖춘 리더가 섬기는 소그룹에 연결되어야 함을 분명
히 했다.

왜 소그룹이 살아나지 않을까? 근본적으로는 왜 소그룹에 와야
하는지 분명하지 않기 때문이다. 다시 말해 소그룹 목회가 살아
나려면 소그룹이 목회의 핵심 가치가 되어야 하며, 소그룹에서만
누릴 수 있는 영적 유익이 있어야 한다.

2. 말씀의 모판을 만들라

소그룹은 친교 목적의 모임이 아니다. 교제는 필요하지만 그것을
목적으로 모이지는 않는다. 영혼을 살리고 변화시키는 것이 소
그룹의 궁극적인 목표가 되어야 한다. 그렇게 하려면 소그룹에는
생명력이 넘쳐야 하는데, 이는 하나님의 살아 있는 말씀에서 나
온다.

신일교회에 부임할 당시, 구역 예배는 구역장이 예배를 인도하
면서 주로 설교의 핵심 내용을 짚어주는 식의 일방적인 모임이었
다. 이 방식이 틀렸다거나 나쁘다는 것은 아니다. 단지 내가 추구
하는 목회의 방향과는 맞지 않았다.

신일교회에서 이런 성경공부 방식에 큰 변화가 나타난 것은 새
생명축제를 통해서였다. 새생명축제를 준비하면서 소그룹 모임
교재로 사랑의교회에서 출간된 〈대각성전도집회용 다락방교재〉
를 사용했는데, 자연스럽게 귀납적으로 성경공부를 할 수밖에 없
었다. 그런데 그 후의 반응들이 놀라웠다. 우선 목자들이 좋아했

목사님, 제자훈련이 정말 행복해요

다. 별 반응이 없던 목원들이 자발적으로 대답하고 반응해주니 즐거운 마음으로 성경공부를 인도하기 시작했다. 또한 목원들도 흥미를 느끼고 말씀 공부에 참여했다. 자기 이야기를 할 수 있게 되었기 때문이다. 성도들이 버거워하면 어떡하나 걱정했는데 기우였다. 대부분이 잘 소화하고 있으며 구역 모임 시간을 즐기고 있다.

소그룹에 사람들이 몰려오려년 말씀의 교통이 활발히 이루어져야 한다. 정답을 확인하는 수준이 아니라 말씀이 드러내시는 바에 따라 리더와 성도들이 반응하면서 말씀을 통해 변화되고 영혼이 소생되는 기쁨을 경험해야 한다. 소그룹이 말씀과 변화의 모판이 되어야 한다.

3. 삶을 나누게 하라

전통 교회의 소그룹은 예배가 중심이다. 인도자가 이것저것을 다 챙기고 준비하여 떠먹여 주기까지 한다. 구역장 혼자 예배를 인도하고 설교를 읽어주기에, 구역원들은 자칫 구경꾼이 되기 쉽다. 소그룹이 살아나려면 사람들이 말씀에 기초하여 삶을 나누면서 말씀의 유익을 경험해야 한다.

말씀을 나누고 삶을 나누는 것이야말로 소그룹의 핵심 활동이다. 그리고 이러한 삶의 나눔에서 중요한 것은 정직성과 투명성이다. 소그룹 리더가 자기를 개방하여 문제를 나누고 고백할 때 소그룹은 생명력으로 가득 찬다.

먹는 것도 중요한 나눔의 요소다. 먹는 데서 인심이 나온다. 셀

목회를 하는 어떤 교회에서는 이런 말이 돌았다. "점심을 안 먹고 모이던 셀은 얼마 지난 후에 보니 없어졌다." 일리가 있는 말이다. 풍성한 나눔이 있는 소그룹에 사람들은 또 오고 싶어 한다.

4. 영적인 감동을 주라

감동 없는 강의는 정보 전달에 불과하다. 감동 없는 사역은 그저 처리해야 할 허드렛일이나 다름없다. 소그룹도 감동을 받아야 사람들이 몰려온다. 피곤함을 무릅쓰고 소그룹에 왔는데, 지루하고 얻는 게 없이 돌아간다면 사람들은 다음에도 모임에 나가야 하는지 고민될 수밖에 없다. 그런 의미에서 소그룹은 영적 '서비스'를 제공하는 자리가 되어야 한다. 성도들의 영적 만족을 채워주는 것이 목회에 필요한 것처럼, 소그룹 구성원들에게 감동을 주고 연합하고 격려하는 자리가 바로 소그룹 모임이다.

5. 철저히 성령을 의지하라

소그룹을 위한 계획, 기술 그리고 세심한 준비보다 더욱 중요한 것이 성령의 인도를 받는 일이다. 성령을 간절히 사모하고 성령의 기름 부으심을 추구하는 소그룹과 그렇지 않은 소그룹은 분명히 차이가 있다. 상처받아 슬픔에 잠긴 구역원을 치유하는 일은 성령께서 하신다. 성공적인 소그룹 리더는 성령의 인도하심을 구하는 것으로 모임을 시작한다. 모임 내내 성령께서 민감하게 간섭하시기를 구한다.

제자훈련은 두세 시간의 모임이나 성경공부로만 끝나지 않고 삶이 변하는 현장 전체에 그 영향을 미친다. 성령의 열매가 맺히는 장이요, 영적인 전쟁터이기도 하다. 그러므로 철저하게 성령을 의존해야 한다. 소그룹에 성령의 기름 부으심이 임할 때 열매가 열린다. 변화의 역사가 일어난다. 성령이 일하실 때 소그룹은 반드시 살아난다. 성령을 철저히 의뢰하라.

은혜와 진리가 함께하는
소그룹 대화법

조지 바나의 연구에 의하면 교회에 다니는 교인 중에서 삶의 중요한 문제를 하나님의 말씀이나 하나님의 뜻을 좇아 결정하는 사람은 10퍼센트도 채 되지 않는다고 한다. 교인들이라 해도 90퍼센트 이상이 자신의 지혜, 견해, 지식, 경험 혹은 기분을 기준 삼아 여러 결정을 내린다는 뜻이다. 그리스도인의 언어 사용은 어떨까? 일상적인 행동과 마찬가지로, 자기 마음대로 기분 내키는 대로 말을 내뱉는 성도들이 적지 않다.

소그룹에서 언어 사용은 소그룹의 성패에 상당한 영향을 미친다. 소그룹은 대화를 통해 중요한 커뮤니케이션을 하기 때문이다. 리더는 적절한 말로 구성원을 격려하고, 대화를 통해 소그룹의 분위기를 행복하게 만들어야 한다. 이처럼 대화가 통하는 건강한 소그룹을 만들기 위해 리더는 어떤 식으로 언어를 사용해야 할까?

1. 경청하라: 당신이 모든 것을 주도할 필요는 없다

말하는 것보다 더 중요한 것은 상대방의 말을 잘 듣는 일이다. 대화가 통하는 소그룹을 만들려면 리더가 소그룹 구성원의 말을 경청해야 한다. "주 여호와께서 학자들의 혀를 내게 주사 나로 곤고한 자를 말로 어떻게 도와줄 줄을 알게 하시고 아침마다 깨우치시되 나의 귀를 깨우치사 학자들 같이 알아듣게 하시도다"(사 50:4).

리더는 듣는 귀가 발달해야 한다. 상대방의 말을 듣는 데 적극적이어야 한다. 사람들은 말을 잘하는 리더보다 자신의 말을 들어주는 리더를 더 좋아한다. 이 글을 쓰면서 어떤 소그룹 전문가에게 소그룹 대화에 관한 조언을 요청했는데, 그 역시 "제일 중요한 것은 경청입니다"라고 말했다. 말 잘하는 것보다 경청을 잘하는 사람이 존경받는 시대다.

조용히 들어준다고 해서 경청은 아니다. 경청은 상대방을 인정하고 상대방의 언어 속에 담긴 의미를 파악하면서 듣는 것을 말한다. 상대가 말하고 있는데 먼 산을 바라보거나 하품을 한다거나 방 주위를 두리번거리는 것은 신뢰를 떨어뜨리는 행동이다. 말하는 사람의 얼굴에 집중하면서 고개를 끄덕이든지 미소를 짓는 것이 좋다. 즉, 관심을 기울여야 한다. 경청하면 상대의 말을 성급하게 판단하지 않는다.

또한 적절한 질문도 깊은 맛을 낸다. "집사님이 받은 축복을 말해주세요", "그런 사실을 받아들이는 것이 자매님에게는 커다란 고통이었겠네요" 등과 같은 적절한 말로 공감해주는 것이 필요하다.

소그룹을 인도하다 보면, 꼭 말이 많은 사람이 있다. A 집사는 평소에도 말이 많은데 모임에 오면 더 말이 많아진다. 더군다나 자신이 방금 한 말을 반복하기도 한다. 이럴 때에도 리더는 우선 들어주어야 한다. 소그룹 리더로서 화자에게 '내가 당신의 말을 잘 듣고 있습니다'라는 메시지를 주어야 하기 때문이다. 가령 이렇게 추임새를 넣는다. "그렇군요." "그럴 수도 있겠네요." "충분히 이해합니다." "저도 그런 적이 있었어요." 그래도 계속 말이 많으면 주제를 다른 쪽으로 돌리는 것이 좋다.

소그룹 리더가 빠지기 쉬운 실수 중의 하나는 그 시간만큼은 자신이 왕이 되려는 욕구일 것이다. 즉, 모임에서 대단한 영향력을 미치고 싶은 마음이 있다. 물론 소그룹 리더는 모임을 이끌어 나가야 한다. 하지만 자신이 모든 것을 주도하려 해서는 안 된다. 탁월한 소그룹 리더는 대화를 장악하려고 하기보다는 상황에 따라 필요한 사람이 발언권을 얻고 자유롭게 사용할 수 있도록 조정해야 한다.

2. 격려하라: 서로 격려하는 소그룹은 잘될 수밖에 없다

미국에서 공부할 때의 일이다. 한 친구 목사가 기독교 교육학 수업을 들었는데, 그 과목의 교수가 첫 수업 시간에 학생들의 책상 위에 초콜릿을 올려놓은 것을 보면서 큰 감동을 받았노라고 이야기했다. 한국에서 대학원까지 공부했지만 그런 경험이 한 번도 없었던 친구는 그 작은 선물에 무척 감동한 것이다.

큰 수고는 아니지만, 이러한 격려는 사람을 움직이는 힘이 있다. 가령 소그룹 시간에 리더가 문 앞에서 들어오는 순원들을 환한 미소로 맞이하면서 악수를 하거나 포옹해준다면 그 모임은 이미 성공한 것이나 다름없다. 마음이 열린 순원들은 리더의 웬만한 실수는 다 덮고 간다.

격려를 잘하려면 칭찬에 후해야 한다. 마크 트웨인은 "나는 한 빈 칭찬을 받으면 두 달간은 잘 지낼 수 있다"라고 했다. 그의 말대로라면, 우리는 여섯 번만 제대로 칭찬을 받으면 1년을 거뜬히 보낼 수 있다. 칭찬을 잘하는 소그룹 리더는 분위기를 따뜻하게 만들고 구성원의 마음을 얻는다.

리더가 격려에 인색한 이유는 자신이 원하는 답을 요구하기 때문이다. 질문을 던졌는데 자신이 원하는 답을 해야 반응을 해주는 경우가 그러하다. 또는 "좀 더 생각해 보세요"라고 하면서 은근히 자기가 생각하는 답을 요구하기도 한다. 사람들이 얼마든지 자기 생각을 말하게 하고, 설사 맞지 않더라도 격려해주는 것이 리더의 역할이다.

격려하는 방법은 다양하다. "오늘 찬양, 정말 영감 있었어요." 찬양을 인도한 분에게는 이 한 마디가 큰 힘이 된다. 모임 후 식사를 한 뒤에는 "집사님이 준비한 비빔밥 최고였어요"라고 말해 보라. 다음 번 메뉴의 질이 달라진다.

소그룹 리더는 따뜻한 혀를 가져야 한다. 리더의 은혜로운 말 한 마디가 소그룹을 편안하게 하고, 사랑의 말 한 마디가 소그룹을 행복하게 한다. "너희 말을 항상 은혜 가운데서 소금으로 고루

게 함같이 하라. 그리하면 각 사람에게 마땅히 대답할 것을 알리라"(골 4:6). 서로 격려하고 축복하는 소그룹은 잘될 수밖에 없다. 사람들은 이런 소그룹에 오고 싶어 한다.

3. 진실하라: 의도를 가지고 이야기하면 마음 문이 닫힌다

소그룹에서 A 집사가 말을 하면 깔끔하다. 반면 B 집사가 말을 하면 언제나 뒷맛이 개운하지 않다. 이유가 뭘까? 대화의 진실성 때문이다. 뒤에 다른 의도를 가진 상태에서 말하면, 처음에는 잘 모르겠지만 나중에 배경을 알게 된 상대는 기분이 무척 나빠진다. 겉으로는 괜찮지만, 부정적인 뉘앙스를 가진 말도 있다. 하지만 건강한 소그룹에서는 모두 곧이곧대로 말하고 곧이곧대로 알아듣는다. 감추거나 숨기는 게 없다.

어떤 소그룹 리더는 모임 시간에 밥을 준비할 여유가 없어 외식을 하고 싶었다. 그때 그는 이런 말을 한다. "우리 순은 집밖에 모르나 봐요. 밖에서 밥을 먹어본 지가 언젠지 모르겠어요." 순원들은 순장이 어떤 이야기를 하는지 이미 간파한다. 하지만 기분은 별로 좋지 않다. 차라리 "오늘은 내가 집에서 밥하기가 싫은데 우리 외식하면 어떨까요?"라고 하는 것이 훨씬 좋지 않을까?

처음에는 예의를 잘 지키다가 어느 정도 친해지면, 그때부터 실수가 생기고 상처를 주고받기 시작한다. 익숙해졌다는 마음에 서로를 가볍게 생각하기 때문이다. 특히 소그룹 리더의 나이가 좀 많다거나 신앙 경력이 있는 경우, 구성원들에게 말을 놓는 경우가 있다. 물론 한국 사회에서 그렇게 하면 훨씬 빨리 친해진다.

목사님, 제자훈련이 정말 행복해요

마음의 문도 열 수 있다. 하지만 부지불식간에 실수하는 경우가 있다. 나는 가능한 한 소그룹 리더는 구성원들에게 존댓말을 사용하는 것이 좋다고 생각한다. 특히 공식적인 모임에서는 아무리 나이가 많고 친하더라도 그렇게 해야 한다. 가까워질수록 더욱 예의를 지킨다면 모임의 품위를 유지할 수 있다.

4. 관계를 돌보라: 끝까지 긴장을 유지하라

한국 교회에서 은혜가 제일 많은 곳은 본당이 아니라 주차장이라는 우스갯소리가 있다. 은혜롭게 예배를 드린 후에 집으로 갈 때 주차장에서 얼굴을 붉히고 심한 말을 하면서 받은 은혜를 다 쏟아놓기 때문이다. 소그룹도 얼마든지 그럴 수 있다.

성경공부 시간에 리더의 말 때문에 상처받는 경우는 드물다. 문제는 성경공부 혹은 소그룹 시간 이후에 벌어진다. 공식적인 시간이 끝난 후에 점심을 준비하거나 식탁 교제를 나누다가 격의 없이 대화하는 과정에서 문제가 발생한다. 이때에도 소그룹 리더는 긴장을 풀지 말아야 한다.

나는 제자훈련을 인도할 때에 교제 시간까지 정해놓았다. 보통 오전 10시에 시작해서 오후 1시 정도에 훈련이 끝나면, 2시 혹은 2시 30분까지 교제했다. 그리고 그 전에는 먼저 자리를 뜨지 않았다. 훈련을 잘 받아놓고도 리더가 없는 때에 훈련생들이 격의 없이 말하다가 상처를 받는 경우가 흔치 않게 일어나기 때문이다. 소그룹 모임도 예외가 아니다. 그러므로 리더는 끝까지 영적 긴장을 늦춰서는 안 된다.

소그룹 기도

　　한번은 제자반에 들어갔더니 책상 위에 예쁜 은박지로 싼 약밥이 담긴 접시가 놓여 있었다. "오늘 간식은 약밥인 모양이네요. 웬 밥이죠?"라고 물었더니 아무개 집사가 손수 만들어 왔다고 했다. 몇 달 전에 제자훈련에 온전히 집중하고자 운영하던 가게를 내놓고 가게가 나가길 기도했는데, 바로 응답을 받아 기쁜 마음으로 준비했다는 것이다.

　제자훈련을 하면 할수록 기도가 정말 중요하다는 사실을 새삼 실감한다. 처음에는 하루 15분 기도하는 것도 힘들어하던 훈련생들이 있었다. 그런데 시간이 점차 길어지고 기도가 삶의 일부가 되면서, 주님과 동행한다는 것이 무엇인지 알아가는 모습을 본다.

　나는 기도를 영적 에너지라고 생각한다. 마치 배터리를 충전하는 것 같다고나 할까? 다른 사람보다 수염이 빨리 자라 매일 면도를 해야 하는 나는 여행 중에 전기면도기를 사용할 때가 있다.

배터리가 넉넉하면 면도기는 아주 요란한 소리를 내며 돌아간다. 면도도 잘된다. 반면 배터리가 부족하면 소리도 시원치 않고 절삭도 제대로 되지 않는다. 가끔 수염을 뜯는 경우도 있다.

기도라는 영적 에너지가 영혼의 배터리에 충만해지면 소그룹 운영에도 덩달아 활력이 붙는다. 생기가 넘친다. 기도 응답이 많아 감사할 거리도 풍성해진다. 그러나 소그룹에 기도가 부족하면 아무리 열심을 내더라도 왠지 2피센트가 부족한 느낌이다. 서로 친밀한 것 같지만 삐걱거리기 일쑤다. 감사가 부족하니 원망과 불평은 많아지고 생기는 부족해진다.

소그룹 리더의 기도

소그룹에서 가장 중요한 것은 역시 리더의 기도다. 공동체가 리더의 수준만큼만 성장한다는 건 부인할 수 없는 사실이다. 리더가 기도하면 구성원들도 기도한다. 반면 리더가 기도하지 않으면 사람들도 기도를 소홀히 하기 쉽다. 그런 의미에서 리더의 기도는 소그룹의 영적 잣대라고 할 수 있다.

1. 기도의 모범을 보이라

작은 모임에서는 구성원들이 서로를 속속들이 알고 있다. 그러면서 자신도 모르게 서로의 좋은 점을 모방하려는 경향이 강해진다. 특히 훌륭한 소그룹 리더가 인도하는 모임에서는 자연스럽게 인도자를 닮아가려고 한다. 이때 리더가 기도의 본을 보일 때 사람들도 따라서 기도하기 시작한다.

옥한흠 목사님의 추모 사이트에는 명설교 열 편이 올라와 있는데, 그 목록을 보다가 특별한 사실을 발견했다. 열 편 중에 기도에 관한 설교가 세 편이나 되었던 것이다. 목사님은 제자훈련을 하면서 기도를 중요시하고 모범을 보이셨음을 알 수 있다. 제자훈련을 하는 교회가 기도에 약하다는 말은 사실이 아니다.

2. 영적 권위를 나타내라

소그룹에서 리더가 기도의 모범을 보여야 할 이유가 무엇일까? 그것은 기도가 영적인 권위를 드러내는 것이기 때문이다. 소그룹에서 기도 응답이 이루어지는 것을 보면서 사람들은 마음속으로 '우리 리더는 기도하는 분이구나' 하고 생각한다.

아주 드물지만, 교회 사정상 예수 믿은 지 5년 안팎의 성도가 리더로 섬기는 경우가 있다. 목회자의 마음에도 '과연 저분이 영혼들을 맡아 제대로 목양할 수 있을까?' 하는 우려가 없지 않다. 그런데 의외로 그 리더가 탁월하게 소그룹을 인도하는 경우를 종종 목격한다. 이유가 무엇일까? 바로 기도 덕분이다. 자신의 부족함을 잘 알기에 전적으로 하나님께 매달리는 것이다. 다른 방법이 없기 때문이다.

목양은 단지 경륜이 있다고 해서 잘할 수 있는 것이 아니다. 오히려 경험이 짧기에 부족함을 절감하면서 주님만 의지한다면 더 많은 열매를 맺을 수 있다. 겸손한 마음으로 기도하기 때문이다. 리더의 권위는 지위가 아니라 영적 능력에서 온다.

3. 기도로 서로 소통하라

건강한 가정에는 대화가 많다. 늘 시끌벅적하고 웃음이 넘치고 화목하다. 반면 건강하지 않은 가정은 별로 말이 없고 적막하기까지 하다. 대화는 의사소통의 효율적인 수단이다. 마찬가지로 소그룹에서의 기도는 비유하자면 그룹원끼리 나누는 영적인 대화라고 할 수 있다. 이러한 대화가 많으면 많을수록 영적으로 잘 통하기 마련이다.

신일교회는 제자반에서 기도하면 응답이 빠르게 온다. 하나님의 자녀들이 모여서 서로 사랑하고 격려하는 모습을 아버지께서 예쁘게 보셨기 때문이라고 생각한다. 만일 자녀들이 모여서 서로 다투거나 엉뚱한 말이나 한다면 아버지께서 얼마나 속상해하시겠는가?

소그룹에서의 기도는 의사소통의 중요한 수단이요, 모임의 결속력을 강화하는 요소다. 순장이 주중에 다락방 식구를 위해 기도할 때 자연스럽게 영적 소통이 이루어진다. 다락방 식구들이 서로 기도할 때 보이지 않는 친밀한 대화가 계속된다. 바로 이 대화가 서로에게 힘이 되고 깊은 관계로 이끈다. 기도하는 소그룹은 문제가 일어나도 쉽게 해결할 수 있다. 반면 기도하지 않는 소그룹은 작은 문제에도 요동하기 쉽다.

소그룹 기도, 이렇게 하라

기도는 하나님의 주목을 끌고자 하는 행위가 아니다. 오히려 우리로 하여금 하나님을 주목하게 해주고, 나아가 다른 사람들을 주목하도록 이끌어주는 은혜의 시간이다. 그런 의미에서 소그룹 기도야말로 다른 구성원을 위한 기도를 실천할 수 있는 현장이다.

소그룹은 구성된 개개인의 기도제목이 모이고 숨김없이 나누어지며 실제로 함께 기도하는 장소다. 목장에서 나눈 기도제목은 다음 모임 때까지 개인적인 기도로 이어져야 한다. 서로의 기도제목을 놓고 기도할 때 서로를 더욱 사랑할 수 있다. 각자 기도함으로써 기도의 역사를 더욱 체험한다. 그런 의미에서 기도야말로 능력의 열쇠이며 하나님이 역사하시는 현장일 뿐만 아니라 영적 전투를 승리로 이끄는 가장 강력한 무기라고 할 수 있다.

1. 합심하여 기도하라

소그룹에서 합심하여 기도하면 역사가 일어난다. 기적이 일어난다. 이것은 경험한 사람만 안다. 사도행전 12장을 보면 헤롯 왕이 요한의 형제 야고보를 칼로 죽이는 사건이 일어난다. 유대인들이 기뻐하는 모습을 본 헤롯 왕은 베드로도 잡으려 한다. 베드로가 투옥되자 성도들은 모여서 합심으로 기도한다(행 12:5).

하나님은 그들의 기도를 들으셨다. 베드로는 풀려나자마자 곧장 성도들이 모여 기도하고 있던 마가의 다락방으로 갔다. 베드로가 대문을 두드리자 로데라는 여자아이가 영접하러 나왔다. 로데는 베드로의 음성인 줄 알고, 기도하던 성도들에게 베드로가 풀려나 대문 앞에 있다는 사실을 알렸다.

하지만 그들은 베드로가 살아온 것을 믿지 않았다. 오히려 로데에게 "네가 미쳤다"라고 말했다. 실제로 베드로를 보자 성도들은 소스라치게 놀란다. 그들은 간절히 기도는 했지만, 확실히 믿지는 못했다. 그런데도 기도가 이루어졌다. 이런 사실은 무엇을 말해주는가? 그만큼 합심 기도가 위력이 있음을 보여주는 게 아닐까?

2. 대화식으로 기도하라

소그룹 기도의 묘미는 대화식으로 기도하는 데 있다. 마치 오케스트라가 하나 되어 합주곡을 연주하듯 기도로 합주회를 하는 것이다. 처음에는 낯설게 느껴지지만 익숙해질수록 기도의 맛을 느낄 수 있다. 이때 한 사람이 너무 오래 기도해선 안 된다. 순서가 있는 것도 아니다. 앞 사람이 기도를 마친 후 그와 연관해서 계속 기도할 수도 있고, 다른 주제로 넘어갈 수도 있다. 대화식 기도의 장점은 모든 사람이 동참하여 하나의 큰 작품을 만드는 것이다.

3. 짝으로 기도하라

두세 사람이 짝이 되어 기도하는 것도 소그룹에서 시도해볼 수 있는 방법이다. 전도서 기자는 함께 뭉칠 때의 위력과 관련해 이렇게 이야기한다.

"또 두 사람이 함께 누우면 따뜻하거니와 한 사람이면 어찌 따뜻하랴. 한 사람이면 패하겠거니와 두 사람이면 맞설 수 있나니 세 겹줄은 쉽게 끊어지지 아니하느니라"(전 4:11-12).

신일교회의 금요기도회에는 '세 겹줄 기도' 시간이 있다. 교회에 성도가 늘면서 서로 이름도 얼굴도 모르는 경우가 많아졌다. 기도제목을 안다는 건 더욱 어려운 일이 되었다. 하지만 세 겹줄 짝 기도 시간을 통해 서로를 알게 되고, 기도제목을 나누면서 하나님의 가족임을 확인한다. 그리스도의 임재도 경험할 수 있다. 각자의 삶 속에서 짝을 위해 기도하기도 한다.

인간의 마음속에는 보이지 않는 세계에 대한 채워지지 않는 갈망이 있다. 하이테크(High-Tech) 시대가 될수록 하이터치(High-Touch)를 원한다. 그러므로 하이테크 시대가 될수록 하이 스피릿(High-Spirit) 시대가 되는 것이다.

소그룹에 기도가 없다면 교회는 사회의 친목 단체와 별로 다를 바가 없다. 사람들이 서로 친해지고 깊어지려면 영적 만남은 필수인데 이것을 가능하게 하는 것이 기도다.

목사님, 제자훈련이 정말 행복해요

아름다운 마무리가 있는
소그룹

독일 속담에 "끝이 좋으면 모든 것이 좋다"(Ende gut, Alles gut!)라는 말이 있다. 맞는 말이다. 첫 단추도 잘 끼워야 하지만, 끝이 안 좋으면 뭔가 찜찜하다. 개인이나 공동체나 끝이 아름다워야 한다.

마무리 시간을 통해 함께한 사람들과 소그룹의 의미를 되새기는 시간을 마련한다. 평소에 유쾌하고 행복한 관계였다면 마무리 시간을 통해 즐거움은 배가 될 것이고, 아쉬움이 있더라도 혹시 남았을지 모를 감정의 찌끼를 훌훌 털어버릴 수 있는 시간으로 삼을 수 있다. 서로에게 어떤 의미였는가를 나눔으로써 서로의 가치를 확인한다.

소그룹에서 매듭짓기는 매우 중요하다. 마무리를 잘하면 다음 모임에도 좋은 영향을 미친다. 지난번 모임의 좋은 느낌과 기억을 통해 행복한 기대를 할 수 있다. 혹시 부정적인 감정이 있다면 그것을 반면교사로 삼아 소그룹에서 자신이 감당해야 할 역할이 무엇인지 확인하면 좋다. 특히 소그룹 리더는 한 번 실패했더라도 그것을 타산지석으로 삼아 실수와 부족한 점들을 보완하는 기회가 된다. 공동체의 다음 모임을 위해서도 이런 건강한 매듭짓기는 꼭 필요하다.

소그룹 마무리 방법

1. 나누라

한 해 혹은 한 학기 동안 몸담았던 소그룹을 종결하는 일이 심정적으로 쉽지만은 않다. 특히 친밀감이 깊고 사이가 끈끈했던 소그룹은 그 아쉬움이 더욱 진하게 남는다. 이때 서로의 느낌, 감정, 회한을 나누는 것이 필요하다.

첫째로, 각자의 느낌을 나누라. 느낌은 자유다. 제한이 없다. 형식도 없다. 그냥 나누면 된다. 소그룹이 자신에게 어떤 의미를 주었는지 이야기하라. 소그룹이 자신에게 주었던 유익과 행복한 느낌 등을 담백하게 나누는 시간이 필요하다.

이때 아픔이나 상처도 나눈다면 금상첨화다. 성령의 인도를 따라 서로 화해하면서 감정의 찌끼를 처리하는 시간을 갖는다. 사실 한 해가 지나면서 관계로 인해 어려움을 겪은 지체도 있을 것이다. 이대로 넘어가면 교회 안에서 불편한 관계로 남을 수도 있다. 그러한 불화의 관계는 빨리 청산할수록 좋다. 그런데 막상 당사자와 만나는 것이 녹록하지 않다. 따라서 소그룹 시간에 서로의 감정을 털고 미안함과 고마움을 전하는 것이 필요하다. 혹시 소그룹에서 회복되지 않고 의가 상하거나 불화 관계가 있다면 리더는 그들을 위해 계속 기도하고 대화하면서 상담해야 한다.

둘째로, 감사할 것을 나누라. 신일교회는 2010년 12월에 "내년에는 전 교인이 감사일기를 쓰도록 하겠습니다"라는 선언과 함께 노트 1,000권을 전 교인에게 나누어 주면서 각자 감사일기를 쓰기로 약속했다. 매일 감사일기를 쓰면서 소그룹 모임에서는 '감사 나눔'을 하고, 추수 감사 주일에는 그렇게 1년간 기록한 일기장을 하나님께 올려드리기로 했다.

사실 매일 감사일기를 쓴다는 게 그리 쉽지는 않았다. 하지만 일기를 쓰고 감사를 나누면서 소그룹에는 풍성한 나눔이 있었다. 그리고 약속한 대로 그해 추수 감사 주일에는 강단에 사람들의 감사일기장을 진열해서 하나님께 드렸다. 어떤 과일이나 곡식보다 더 의미가 깊은, 삶에서 건져 올린 감사를 바친 것이다. 2015년에는 로비에 '감사나무'를 만들어 놓고 각자 감사의 열매를 기록한 후 나무에 매달게 했다. 이렇듯 한 해를 마무리하고 소그룹을 매듭지으면서 감사를 나누는 일이야말로 소그룹을 풍성하게 만들고 행복하게 하는 원동력이라고 생각한다.

셋째로, 서로 선물을 나누라. 선물은 받는 사람이나 주는 사람 모두에게 감동을 준다. 소그룹 마지막에 갖는 선물 교환의 시간은 모임에 좋은 추억을 남긴다. 특히 연말연시에는 그 효과가 배가 된다. 선물을 나눌 때 작은 카드와 함께 서로를 축복하고 격려한다면 금상첨화다.

넷째로, 이웃과 함께하는 기회로 삼아라. 소그룹을 마무리하면서 이웃에 사랑을 나누고 그들과 함께하는 시간을 갖는 것도 유익하다. 신일교회는 매년 12월에 '희망 나눔'을 실천한다. 성탄절 헌금 전액을 지역 내 차상위 계층에 전달하는 것이다. 방법은 이렇다. 선물 꾸러미 상자를 만들어 5만 원가량의 생필품들로 채워 넣는다. 그리고 지역 내 300여 가정에 직접 선물 상자를 배달한다. 각자가 산타클로스가 되는 것이다. 이 순간에 누리는 기쁨과 감사의 마음은 무엇에도 비할 수 없다. 이런 식으로 그리스도의 사랑을 실천함으로써 소그룹을 마무리한다면 정말 아름다운 끝맺음으로 오랫동안 기억될 것이다.

2. 평가하라

향후 모임의 발전을 위해 소그룹과 리더에 대한 평가는 필요하다. 하지만 우리나라 정서에서는 분명한 평가의 잣대를 들이대기가 결코 쉽지 않다. 앞으로 서로 안 볼 사이도 아니고, 사람이 어떻게 매정할 수 있나 하는 생각에 마지막은 모두 좋게 평가하려는 경향이 있기 때문이다.

하지만 평가는 지금이 아닌 미래를 위해 꼭 필요한 과정이다. 소그룹 평가를 위해서는 마지막에 '열린 시간'을 갖는 것도 좋다. 격의 없이 한 해 동안 소그룹이 어떠했는지 나누는 것이다. 리더가 평가지를 마련해오는 것도 방법이다. 혹은 주관식으로 각자가 섬긴 소그룹에 관해 의견을 쓰는 것도 좋다.

다음으로 소그룹 리더가 자신의 사역을 평가한다. 신일교회는 매년 소그룹 지도자가 한 해의 자기 사역을 돌아보며 평가하는 시간을 갖는다. 이것은 순전히 자기 평가이다. 아직 목원(순원)이 리더를 평가하는 시도는 하지 못했다.

3. 비전을 품으라

마지막으로 소그룹을 마무리하면서 비전을 품는 시간이 필요하다. 다음 해 혹은 다음 학기에 소그룹이 가야 할 방향이나 목표 등을 점검하면서 소그룹의 비전을 품는 것이다. 소그룹 중에는 분위기도 좋고 배우는 것도 많지만, 비전이 없어 다이내믹이 약하고 재생산이 되지 않는 경우가 있다. 이런 모임도 연말에 마무리를 잘한다면 한 단계 도약할 토대를 마련할 수 있다.

또 하나의 소그룹, 가정예배

　　몇 해 전 제자훈련을 하면서 훈련생들에게 '가정예배를 드리고 소감문 쓰기'라는 생활 숙제를 내주었다. 그리고 그 다음 주 제자훈련 시간이 되어 한 사람씩 생활 숙제 결과를 나눌 때였다. 안수집사 가정에서 자란 한 분이 뜻밖의 소감을 나누었다. "지난주에 가정예배를 처음 드렸습니다. 가정예배가 이렇게 좋은지 이전에는 미처 몰랐습니다." 조금 충격이었다. 안수집사 가정에서 자랐는데 어떻게 한 번도 가정예배를 드려본 적이 없었을까? 한국 교회의 단면을 보여주는 것이라는 생각이 들었다. 가정에서 신앙 교육이 제대로 이루어지지 않는 것이다.

　　내게는 가정예배에 대한 아름다운 추억이 있다. 1997년 미국으로 유학을 떠났을 때였다. 아내와 네 살 된 딸, 그리고 이제 갓 태어난 딸까지 네 식구가 LA에 도착했다. 아파트에는 가구 하나 없었다. 첫날에는 친구 목사 집에서 식사를 해결했고, 그다음 날에는 식탁을 사지 못해 바닥에 상자를 놓고 그 위에서 저녁 식사를 했다. 식사를 마친 후 우리 가정은 바닥에 앉아 함께 가정예배를 드렸다. 찬송하고 기도하는데 왜 그렇게 눈물이 나오는지, 그날의 가정예배가 잊히지 않는다. 우리 가정은 지금도 매주 토요일 밤에 가정예배를 드린다. 주일 설교에 대한 부담이 있지만, 시간을 내서 다섯 식구가 함께 모인다.

제자훈련은 교회 안에서가 아닌 삶의 현장에서 그리스도의 제자로 살아가기 위한 것이다. 교회에서는 경건해 보이고 신앙에 열심이 있는 것 같지만, 가정에서는 전혀 다른 모습으로 살아가는 두 얼굴의 성도들이 있다. 신앙과 생활이 조화되지 못한 것이다.

가정예배의 중요성

가정예배의 중요성은 교회론에 뿌리를 두고 있다. 가정은 작은 교회다. 사실 인간은 본성적으로 가정을 자신의 '작은 왕국'으로 만들려 한다. 그러나 하나님은 가정을 교회로 만드는 데 관심이 있으시다. 구약 시대에 유대 민족이 제사장 나라요 하나님의 거룩한 백성으로 살아가도록 구별된 것처럼, 신약 시대에는 교회가 그런 역할을 위해 부르심을 받았다.

모든 가정은 교회가 되어야 한다. 가정이야말로 하나님을 섬기는 최소 공동체다. 가정을 작은 성소로 삼는 가정에는 하나님의 복이 임한다. 하나님의 자녀가 자기 인격과 삶을 증명해 보일 수 있는 현장이기도 하다. 이런 가정에는 사랑과 격려, 화목함이 넘쳐난다.

가정의 사명은 신앙을 전수하는 데 있다. 자녀들에게 바른 신앙을 물려주고 다음 세대를 세워야 한다. 안타깝게도 현시대의 그리스도인은 이 사명을 별로 중요하게 생각하지 않는다. 아니, 외면하고 있다고 해도 과언이 아니다.

나는 모태신앙으로 경건한 가정에서 성장했다. 부모님은 생활고 속에서도 힘써 가정예배를 드리셨다. 어릴 적 외가에 갔을 때도 외할머니는 가족들을 모두 불러서 함께 가정예배를 드리셨다. 그런 외할머니의 모습이 지금도 눈에 선하다. 그분들이 내게 특별히 가르쳐준 건 없지만, 가정예배를 드리는 것만큼은 고스란히 남겨주셨다.

개혁 교회 성도들은 매일 하루 세 번 가정예배를 드린다. 이 예배를 통해 온 가족이 하나님을 경배하면서 자녀에게는 신앙 교육을 하는 기회로 삼는다. 가정에서 신앙의 기초를 배운 자녀들은 세대를 이어 주님을 섬긴다. 이러한 가정예배 전통은 초대교회부터 시작되었다. 교회 역사를 보면 가정예배 전통이 약해졌을 때 교회의 기초가 흔들렸고, 다음 세대까지 영향을 미쳐 교회는 쇠퇴 일로에 접어든다.

사실 우리 자녀들이 교회에서 예배드리고 신앙을 배우는 시간은 일주일에 고작 한두 시간에 불과하다. 대부분 시간은 가정이나 학교에서 보낸다. 그렇다면 일주일 168시간 중 온 식구가 모여 함께 하나님을 예배하는 이 한 시간은 얼마나 귀한가? 텔레비

목사님, 제자훈련이 정말 행복해요

전 앞에서는 수십 시간을 보내면서도 시간 가는 줄 모르면서, 하나님께 드리는 한두 시간을 아까워해야 하겠는가?

사실 온 식구가 가정예배를 드리는 것이 쉬운 일은 아니다. 함께 시간을 맞춰야 하고 준비하는 데에도 신경 쓸 일이 많다. 그래서인지 일단 가정예배가 드려지는 가정은 건강하다. 자녀가 부모의 권위에 순종한다. 부모부터 먼저 주님의 뜻을 구하면서 하나님을 경외하는 일에 본을 보이기 위해 애쓴다. 부모가 "가정예배 드리자"라고 했을 때 자녀들이 각자 하던 일을 잠시 멈추고 예배의 자리에 온다는 것은 순종이다. 이런 자녀는 엇나가지 않는다. 설사 잠시 탈선한다 할지라도 다시 돌아온다.

오늘날 사탄은 여러 모습으로 성도의 가정을 파괴하고 있다. 대학 입시에, 텔레비전에, 컴퓨터에 가정의 중심을 빼앗겼다. 그 원인이 무엇일까? 가정에서 어려서부터 신앙 교육을 제대로 하지 않기 때문이다. 이를 위해 여러 가지 방법이 있겠지만 함께 가정예배를 드리는 것이 가장 좋다고 생각한다.

1. 시간을 정하라

가족 모두가 함께할 수 있는 시간을 찾는다. 매일 드리면 금상첨화다. 하지만 아이들이 성장하면 이것이 쉽지 않다. 그런 경우 토요일 저녁 혹은 주일 저녁 등으로 정하는 게 좋다. 짧게라도 지속하는 것이 중요하다.

2. 가족이 함께 찬송하고 기도하라

가정예배에서 찬송은 필수다. 찬송은 마음을 위로하고 훈훈하게 해준다. 특히 찬송가를 추천한다. 요즘 자녀들은 찬송가를 잘 부르지 않는다. 교회 주일학교나 청소년부에서도 주로 복음성가를 부르기에 찬송가는 제대로 모른다. 예배 시간에 찬송가를 부르면, 찬송가도 익히고 온 가족이 은혜도 공유할 수 있다.

또한 가정예배에서는 다양한 기도를 드릴 수 있다. 가족 구성원이 돌아가면서 기도하는 것도 좋은 방법이다. 때로는 문제를 놓고 함께 통성으로 기도하는 것도 좋다. 가끔 마디 기도를 통해 서로의 마음을 하나님께 아뢰는 것도 추천한다.

매튜 헨리 목사는 가정예배에서 기도 시 유념해야 할 다섯 가지를 이렇게 정리했다. 첫째로 가장이 하나님의 공급하심을 의지하고 있음을 알게 하라. 둘째로 하나님께 지은 죄를 자백하게 하라.

셋째로 하나님께서 주신 축복을 감사하게 하라. 넷째로 가정에 필요한 은혜를 구체적으로 간구하게 하라. 다섯째로 다른 가정들을 위해 도고기도를 하라.

3. 가족 모두가 참여하게 하라

돌아가면서 예배를 준비하게 하는 것도 좋다. 신일교회에서 제자훈련을 받고 군인 교회로 파송받은 어떤 집사 가정은, 가족이 각자 가정예배를 준비한다. 네 식구인데 예배 인도자 외에 찬양 인도자도 정해진다. 또한 안내 담당자도 있어 아빠가 퇴근하면 인사하고 안내한다. 심지어 간략하게 주보까지 준비한다. 가정예배가 부모의 주도하에 드려지기에 자녀들은 피동적으로 참여하기 쉬운데, 이렇게 다양한 방식으로 가족에게 각자의 역할을 정해주면 더욱 즐거운 마음으로 참여할 수 있다.

4. 가정예배 후 교제 시간을 갖자

가정예배를 드린 후 가족이 즐거운 마음으로 함께 교제하는 시간을 갖도록 하자. 풍성한 간식을 준비하면 더욱 좋다. 휴일에 예배를 드렸으면 가까운 식당에 갈 수도 있고, 혹은 공원을 찾을 수도 있다. 간혹 좋은 영화를 보는 것도 한 방법이다.

부교역자의
리더십 계발

육군사관학교는 사관생도 한 사람 한 사람을 미래의 장군이 되는 데 필요한 지성과 감성, 야성을 계발하도록 돕는 일에 초점을 맞춘다. 심지어 품위 유지에 필요한 예의범절 및 승마와 골프까지 가르친다.

기업은 어떠한가? 한 명의 인재를 영입하기 위해 인사담당 임원이 외국에까지 날아가는가 하면, 심지어 전세기를 띄우는 경우도 있다. 세계는 이미 치열한 인재 확보 전쟁을 벌이고 있다.

반면 교회는 어떠한가? 사람을 키운다는 면에서 볼 때 한국 교회는 부교역자에게 별로 관심이 없는 것 같다. 이미 준비된 교역자들을 데려다가 교회의 입맛(?)에 맞게 부리려는 경향이 강하다. 이제는 부교역자들을 바라보는 관점을 바꾸어야 한다. 우리는 부교역자를 키우고 그들의 역량을 계발하는 일에 더 관심을 가져야 한다. 그들을 제자로 삼아 향후 담임목회지로 나갔을 때 제자훈련에 연착륙할 수 있도록 돕고 키우는 일을 해야 한다.

부교역자, 나는 어떤 유형인가

한국 교회에서 부교역자의 위치는 참으로 애매하다. 언제 그만둬야 할지 모르는 '임시직'이다. 부교역자에 대한 성도들의 인식 또한 그리 따뜻하지 못하다. 어떤 담임목사는 부교역자에게 자신의 비서 역할에서부터 운전, 세차, 원고 대필, 심지어 집안일까지 시킨다.

부교역자 자신도 이 기간을 담임목사가 되기 위한 '실습 코스' 정도로 인식하는 것이 문제다. 이들은 자연스럽게 '생존형'으로 전락한다. 조금만 힘들어도 다른 사역지로 옮길 생각을 한다. 이름하여 '철새 목회자'가 되는 것이다.

반면 부교역자로서 자신의 위치와 사역에 만족하면서 하나님이 담임목회의 길을 열어주실 때를 위해 철저히 준비하는 사람도 있다. 그런 이들의 사역에는 자연히 기쁨이 있다. 한 교회에서 인정을 받으며 오래 사역한다. 다른 사역지로 옮기고 싶다는 생각을 별로 하지 않는다.

미래를 위한 준비 기간

부교역자 기간은 자신을 새롭게 발견하고 절차탁마하는 기간이다. 대부분의 평범한 사역자들은 끊임없이 노력하고 자신을 계발하지 않으면 미래가 보장되지 않는다.

나도 12년 정도 부교역자 생활을 했다. 내가 이 시절을 성공적으로 보냈기에 이렇게 말하는 것은 아니다. 하지만 돌아보건대 후회 없는 시간을 보냈노라고 감히 고백할 수 있다. 나에게는 유익하고 의미 있는 기간이었다. 존경하는 담임목회자들을 만났으며, 동역자들과 형제애를 나누며 동역하는 기쁨을 맛보았다. 사역의 열매를 거두며 얻은 보람은 무엇과도 바꿀 수 없는 소중한 재산이다. 성도들이 보여준 사랑은 지금 생각해도 과분했고, 평생 잊지 못할 소중한 자양분으로 남아 있다.

부교역자 시기야말로 미래를 준비하고 역량을 갖춘 목회자로 자신을 준비하는 데 꼭 필요한 기간이다. 여기서는 하나님이 각자에게 주신 사역에 충성하되 전임 목회지로 가기 전에 분별해야 할 것들을 생각해보았다.

목회지에 나가기 전에 결정할 것

1. 목회자가 될 것인가, 교수가 될 것인가

마귀는 공부할 때는 목회하고 싶게 하고 목회할 때는 공부하고 싶게 한다는 말이 있다. 내가 목회자 타입인지 교수 타입인지를 먼저 알아야 한다. 물론 목회자는 신학자여야 하고 신학자도 목회자여야 하는 것은 맞다. 하지만 하나님이 두 방면에 고른 은사를 주신 경우는 드물다.

신학교 시절과 부교역자 시절에 내게 맞는 목회는 무엇인지를 진지하게 생각해보았다. 우선 나는 신학자보다는 목회자에 더 가까웠다. 한 분야를 깊이 연구하는 것보다는 교회에서 사역할 때 가슴이 뛰었다. 사람들을 만나고 목회하는 것이 행복했다. 영혼들이 주님께 돌아오는 목회 현장이 나에게는 적임이었다. 그래서 목회를 선택했다.

유학을 갈 때도 목회에 유익한 학교를 선택했다. 실제로 내가 공부한 탈봇 신학교는 좋은 목회자 양성에 강점이 있는 학교다. 그래서 나는 박사(Ph.D) 과정이 아닌 신학 석사(Th.M.) 과정을 공부했다. 성경을 공부하고 후에 목회하면서 목회학 박사(D.Min.) 과정을 공부했다. 지금 생각해도 정말 마음에 드는 결정이다.

2. 개척인가, 부임인가

부교역자 시절은 개척과 부임 사이에서 선택해야 하는 때이기도 하다. 물론 예외적으로 기관 사역을 하는 경우도 있다.

나는 개척 교회보다는 전통 교회에 더 적합하다고 생각했다. 여기에는 몇 가지 이유가 있었다.

첫째로, 성품이다. 새로운 분야를 개척하기보다 기존의 것을 고쳐 쓰는 것이 나에게는 편했다. '파이어니어' 보다는 '트랜스포머' 가 더 어울렸다.

둘째로, 관계다. 나는 어떤 사람과 관계가 꼬이면 그다음이 진행되지 않는다. 아내와 부부싸움을 해도 며칠을 가지 못한다. 먼저 화해를 해야 한다. 심지어 군대에서도 부하에게 미안하다는 말을 먼저 했을 정도였다. 이런 성격은 전통 교회에 더 적합하다. 담임목사로 부임하더라도 그 교회의 역사에 적응하는 것이 우선이다. 자기 색깔이나 특성을 지나치게 강조하다 보면 교회와 갈등이 생긴다. 특히 당회원들과 각을 세우고 대결 구도로 가면 교회는 깨어지기에 십상이다.

셋째로, 배경이다. 나는 모태신앙이다. 어렸을 때부터 신앙생활을 해왔다. 철저한 '교회주의자'다. 교회가 최우선이다. 교회를 사랑한다. 교회가 내 몸에 배었다. 그리고 부임하기 전 경험한 교회들이 모두 전통 교회였다. 개척 교회를 섬겨본 적이 없었다. 게다가 아버지가 장로요 장인도 장로다. 장로의 마음을 잘 안다. 장로가 얼마나 중요한 직분인지도 알고 있다.

마지막으로 은사다. 은사는 잘하고 재미있고 열매도 있는 것이다. 나는 아무것도 되어 있지 않은 곳에서는 할 수 있는 것이 별로 없다. 어떤 교역자들은 맥가이버라는 별명을 갖고 있는데 반해 솔직히 나는 재주가 거의 없다. 그래서 부교역자들에게 정말 감사한 마음이다. 그분들이 없었다면 오늘날의 나도 없었을 것이다. 하지만 갖추어진 환경에서 새로운 것을 만들어나가는 것에는 자신이 있었다.

나는 신일교회에 부임하면서 '신일교회에 시집간다'라고 생각했다. 우리 할머니들은 시집오면 '벙어리 3년'을 다짐하셨다. 기존 교회에 부임할 때 내가 하고 싶은 것을 다 할 수는 없다. 그래서 목표와 전략이 꼭 필요하다. 내가 반드시 해야 할 일과 하지 않아도 될 일을 정해야 한다. 진리에 관한 부분이 아니라면 과감하게 포기해야 한다. 양보하는 것을 배워야 한다. 가령 손님들에게 식사를 제공할 때 뷔페를 불러야 할까 교회에서 준비해야 할까? 둘 다 옳다. 실무자들이 하자는 대로 하면 된다. 그런 문제를 가지고 목숨을 걸 필요는 없다.

3. 제자훈련 목회를 선택하라

이 세 번째가 정말 중요하다. 사실 전통 교회의 목회를 제자훈련 목회와 그렇지 않은 목회로 구분하는 것이 약간 억지스럽게 느껴지기도 할 것이다. 하지만 지금까지 내가 경험한 바에 따르면 목회자는 제자훈련 스피릿이 있는 사람과 그렇지 않은 사람으로 구분이 된다. 제자훈련 스피릿을 가진 목회자들은 우선 권위주의적이지 않다. 섬김을 받기보다는 섬기려 한다. 정치적이지 않다. 한 영혼을 소중하게 여긴다. 자리나 감투에 연연하지 않는다. 생각이 유연하다. 율법적이지 않고 복음적이다.

제자훈련 목회를 하려면 비생산적인 목회를 감수해야 한다. 소수와 씨름을 해야 하기 때문이다. 한 번 만날 때 적어도 서너 시간을, 그것도 한두 달이 아닌 일 년을 투자하더라도 하나도 아깝지 않아야 한다. 나도 세 명의 형제들과 장장 일 년을 씨름한 적도 있었다. 스스로도 '이건 너무 비생산적이야'라는 생각이 들기도 했다. 쉬운 길은 아니다. 제자훈련 목회를 하려면 내가 죽어야 하는 결단을 해야 할 때가 많다.

당회 운영의 묘미

전통 교회에 부임하는 초임 목사에게 가장 힘든 사역은 바로 '당회 운영'이다. 이것만큼 어려운 일이 있을까? 나 역시 신일교회에 부임하기 전에는 당회에 참석해본 적이 없었다. 막상 부임을 해보니 이 문제에 가장 먼저 부딪혔다. 일반적으로 당회는 한 달에 한 번씩 열린다. 지금까지 당회 운영에 있어 고수하는 몇 가지 원칙이 있다.

1. 모든 결정은 만장일치로 하라

지금까지 당회에서 다수결로 뭔가를 결정한 적이 한 번도 없다. 다수결은 성경적이지 않다. 우리는 역사를 통해 이로 인한 폐해를 또렷하게 목격하고 있다. 당회 운영은 더더욱 그러하다. 문제는 당회원들 사이에서 의견 일치를 보기가 어렵다는 점이다. 분파가 있기 때문이다. 이 문제를 어떻게 해결할 수 있을까?

대화를 통해 만장일치가 될 때까지 기다려야 한다. 다음 당회까지 기도하며 생각해보고 그다음에 결정하는 것도 좋다. 만장일치가 아닌 다수결로 결정하기 시작하면 소수 의견을 낸 당회원들의 마음이 상하고 결국 목회에 커다란 걸림돌이 되는 경우가 있다.

2. 대화로 풀라

의외로 대화가 뭔지 모르는 분들이 많다. 내 말을 조리 있게 잘하는 것이 전부가 아니다. 남의 말을 잘 들어야 한다. 다시 말해 경청을 해야 한다. 담임목사는 마음의 귀로 들어야 한다. '저분이 왜 저런 말씀을 하실까?'를 생각하면서 들어야 한다. 행간의 의미를 파악해야 한다. 그런 후에 내 말을 하면 대화가 된다. 목사가 일방

목사님, 제자훈련이 정말 행복해요

적으로 자기 말만 하려고 하니 감정싸움이 된다.

특히 중요한 사안을 논의할 때 전화로 민감한 사안을 의논하거나 결정하는 것은 금물이다. 얼굴을 대하지 않고 대화하다 보면 감정 조절을 하기가 쉽지 않기 때문이다. 나도 초창기에 한 장로님과 통화를 하는데, 하지 말아야 할 말을 해서 곤욕을 치른 적도 있었다. 중요한 문제일수록 만나서 얼굴을 맞대고 대화로 풀어야 한다. 혹 만나기가 어렵다면 편지를 쓰는 것이 좋다. 메일을 보내면 말보다는 정리가 잘되고 감정도 절제할 수 있다. 메일보다 더 좋은 방법은 손 글씨로 편지를 보내는 것이다. 옥한흠 목사님이 편지에 약하셨다(?)는 것은 잘 알려진 사실이다. 직접 뵙고 말씀드리기 힘든 문제가 있을 때 정성껏 편지를 써서 전하면 의외로 들어주시는 경우가 많았다. 결국 담임목사와 장로들이 서로 정서가 통하기만 하면 당회 운영도 나름 재미있다.

3. 당회 전에 당회 기도회를 하라

신일교회에 부임해서 처음 참석했던 당회를 잊을 수가 없다. 평소 온유하던 장로님들이 전혀 다른 사람으로 변했다. 각자의 목소리를 내면서 자기 의견이 관철되지 않으면 고성이 오가고, 그야말로 시장 바닥처럼 정신이 없었다. 그렇게 첫 당회가 끝났다. '이건 아닌데'라는 생각이 들었다. 그래서 다음번 당회가 열리기 전에 이런 부탁을 했다. "장로님들, 다음번 당회부터는 전날 토요일에 기도회를 하면 어떻겠습니까?" 솔직히 목사가 기도하자고 하는데 어떻게 반대를 하겠는가?

이렇게 마지못해 기도회가 시작됐다. 간단한 5분 설교와 찬송 그리고 기도제목을 놓고 기도했다. 마지막으로는 장로님들이 각자 기도제목을 한 가지씩 내놓았다. 30년 동안 한 교회를 섬겼지만 어떤 문제로 고민하고 있는지는 잘 몰랐다. 그렇게 각자 기도제목을 듣고 기도하자 서로의 가슴도 뜨거워졌다. 기도회를 마치고 나니 장로님들의 얼굴이 천사와 같았다. 그렇게 기도하고 주일 오후에 당회를 하니 조금은 부드러워졌다. 한 번에 다 변화된 것은 아니지만 당회 전날 기도한 내용을 당회에서 안건으로 내놓으니 고성을 내거나 싸우는 태도가 많이 수그러들었다. 이처럼 당회 전에 짧게라도 기도회로 모이도록 모든 담임목사들에게 권해드린다.

4. 밥을 사라

일전에 타 교회 장로님이 담임목사님과의 관계가 좋지 않다며 하소연하는 소리를 들었다. 나는 그분에게 "혹시 목사님과 개인적으로 식사를 해보셨나요"라고 물었다. 장로님은 "식사요? 개인적으로 대화해본 적도 없습니다" 하면서 정색을 했다.

목회자들이 동료 목사들이나 권사들과는 식사를 잘하면서 정작 당회원들과는 공식적인 만남만 갖는 경우가 많다. 아무리 쾌활한 사람도 그런 모임에서는 경직되기 쉽다. 자신도 모르게 격식을 차리고 방어 자세로 나온다.

반면 비공식적인 모임에서는 자신을 오픈하고 무장해제가 된다. 어떤 문제가 생겼을 때 장로님에게 전화를 걸어 "장로님, 식사 한번 하시지요"라고 청하면서 자세히 설명하면 경청하지 않을 분이 거의 없을 것이다.

5. 철저하게 준비하라

준비를 하지 않고 당회에 가면 그냥 당회원들이 하자는 대로 하기 쉽다. 아무런 준비 없이 이 얘기 저 얘기하는 식으로 당회를 운영하면 배가 산으로 갈 확률이 높다. 나는 당회에 들어가기 전에 철저하게 준비한다. 안건을 준비하고 그에 따른 제반 사항까지 확실하게 준비해오면 당회원들도 진지하게 당회에 임한다. 그러면 시간도 절약되고 전략적으로 안건을 처리할 수 있다.

6. 당회를 사역의 장으로 만들라

신일교회 당회에서는 본질적인 문제를 다루려고 노력하는 편이다. 물론 지나고 보니 별로 중요하지 않은 문제로 시간을 허비한 경우도 있었지만, 가능하면 본질적인 교회의 사명이 무엇인지 고민하고 거기에 집중하려고 한다.

당회를 사역의 장으로 만들려면 우선 당회원들에게 사명감이 있어야 한다. 당회원은 한 사람의 장로일 뿐만 아니라, 담임목사의 동역자요 '작은 목사'이다. 실제로 신일교회는 당회원이 모두 제자훈련을 받았으며 목자로 섬기고 있다. 이러한 동역자 의식이 있으면 당회가 사역의 장이 된다. 어떻게 하면 교회의 본질에 충실하고, 영혼을 구원하여 제자 삼는 일에 매진할 것인가를 고민하게 된다. 혼자 뛰면 외롭고 힘들지만 함께 뛰면 즐겁다.

7. 당회원들을 형님이나 아버지 혹은 동생처럼 여기라

가끔 안산동산교회 김인중 목사님을 만나서 목회 노하우를 듣고는 한다. 김 목사님은 타고난 친화력을 바탕으로 당회원을 형님으로 모신다고 했다. 당회에 어려운 문제가 생기면 개인적으로 찾아가서 "형님, 한번 봐주세요"라고 하면서 잘 설명하면 문제가 풀린다는 것이다.

맞는 말이다. 당회원은 적이 아니라 동역자다. 아니, 동역자를 넘어 형제요 가족이다. 그들을 형님이나 아버지 혹은 동생처럼 대하면 가족 같은 끈끈한 정이 생긴다. 그렇게 생각하면 웬만한 문제는 풀리지 않을까?

8. 내가 죽을 각오를 하라

아무리 목회를 잘하는 목회자라도 당회원과의 관계는 정말 어려운 것이 사실이다. 관계라는 것이 그렇듯이 나만 잘한다고 해서 되는 것도 아니고 상대방도 잘해야 하기 때문이다. 생각지도 못한 변수가 생길 때는 더욱 그렇다. 정말 살얼음을 걷는 기분이다. 설상가상으로 사탄이 장난을 친다. 아무리 노력하고 잘하려 하는데도 문제가 터지고 막다른 골목으로 몰릴 때는 어떻게 해야 하는가? 결국 담임목사가 죽는 수밖에 없다고 생각한다. 내가 죽으면 교회가 살고 교인이 산다. 내가 살려고 하면 교회가 죽고 교인도 죽는다.

누가 시키지 않아도, 반드시 준비해야 하는
부교역자 셀프 리더십

1. 품성을 계발하라

목회자는 순간순간 매사에 자신의 언행에 책임지는 습관을 길러야 한다. 품성은 절대 하루아침에 만들어지지 않는다. 오랜 시간 피니는 노력과 훈련을 통해 이루어지는 지루하고 긴 작업이다. 부교역자 시절이야말로 인격을 연마하고 개발해야 할 시기다.

오늘날 많은 교역자가 설교를 탁월하게 잘하려고 애쓴다. 하지만 설교보다는 먼저 설교자가 만들어져야 함을 자주 잊는 것 같다. 한 편의 설교보다 중요한 것은 설교자의 인격이다.

설교학자 정장복 교수가 조사한 바에 따르면, 한국 교회 성도의 70.3퍼센트는 설교자의 인격과 설교가 일치해야 한다고 응답했다. 심지어는 인격이 설교 내용보다도 중요하다고 응답한 성도도 16.7퍼센트였다. 이는 하나님 말씀의 전달자인 설교자가 성도의 모범이 될 만한 인격과 성품을 갖추어야 함을 보여준다. 목회자는 목회자 이전에 신자가 되어야 한다. 다시 말해 사람이 되어야 한다.

《다시 불길로 타오르게 하라》(국제제자훈련원, 2004)의 저자인 해리 리더 목사에 대한 감동적인 일화가 있다. 이야기는 해리 목사의 신학교 시절로 거슬러 올라간다. 한번은 그가 시험공부를 제대로 하지 못한 상태에서 시험을 치렀다. 그런데 옆에 앉은 친구의 답안이 보이는 게 아닌가? 일부러 보려고 한 건 아니었는데 본의 아니게 부정행위를 하고 말았다.

오랜 세월이 흐른 뒤에도 그때의 기억이 잊혀지지 않았다. 그래서 리더 목사는 신학교를 찾아가서 담당 교수를 만나 자초지종을 얘기했다. 사실 나 같으면 "목사님같이 정직한 분이 있다면 얼마나 좋겠습니까? 이미 지나간 일이니 잊읍시다" 말하면서 돌려보낼 것 같은데 이 교수는 그렇게 하지 않았다. 그때 시험을 F로 처리했다. 그리고 학기말 고사와 합산해서 학점을 D로 했다. 낙제는 면한 것이다. 뒤늦게라도 잘못을 인정하고 바로잡으려는 이런 모습이 모여서 그 사람의 성품과 인격이 된다.

부교역자 시절, 자신을 향해 혹독한 비평가가 되라. 자신에 대해서는 무서우리만큼 철저해야 한다. 자신을 교정하는 좋은 방법 중 하나가 매일매일 자신의 잘못을 반성하고 기록해두는 것이다. 대신 남에 대해서는 관대해야 한다. 목회자가 자신에게는 관대하고 성도들에게 철저하다면, 그는 율법주의자나 다름없다. 목회자의 인격은 먼 훗날 성취되는 것이 아니다. 현재가 미래를 결정한다. 지금의 모습이 곧 미래의 모습이라 해도 과언이 아니다.

2. 능력을 계발하라

부교역자는 유능한 이인자가 되어야 한다. 사실 품성은 기본이다. 그 위에 능력을 갖추어야 한다. 요셉은 이집트에 노예로 팔려가서도 결코 자신을 포기하지 않았다. 보디발의 집에서 종의 신분일 때도(창 39:4), 감옥에서 조력자로 일할 때도(창 39:22) 그는 최선을 다했으며 그 결과 인정을 받았다. 요셉은 노예 신분인 상태에

목사님, 제자훈련이 정말 행복해요

서도 부지런히 이집트의 언어와 문화를 익혔으며, 무엇보다 하나님이 주신 꿈을 잃어버리지 않았다.

다니엘 또한 훌륭한 이인자였다. 그는 히브리 소년으로서 흠이 없었고, 모든 재주를 통달하고 지식을 갖추었으며 학문에 익숙했다. 아무리 실력자라고 해도 정권이 바뀌면 살아남기가 어려운데, 다니엘은 나라가 바뀌어도 총리직에 그대로 남았다. 다니엘이 성공한 이인자로 실아님을 수 있있던 것 역시 하나님의 은혜가 바탕이 되어 끊임없이 자기를 계발했기 때문이다.

능력에는 우열이 있다. 선천적으로 두뇌 회전이 빠르거나 많은 재주를 갖고 태어난 사람들이 있다. 나는 이런 사람들을 볼 때마다 솔직히 부럽다. 목회를 해보면 부교역자들 사이에서도 능력의 차이가 있다. 담임목사가 말을 하지 않아도 알아서 일하고 심지어 담임목사의 생각보다 앞서가는 사람도 있다. 운전이면 운전, 컴퓨터면 컴퓨터, 행정이면 행정, 찬양이면 찬양, 설교면 설교… 이렇게 모두 잘하면 얼마나 좋을까? 하지만 이런 사람은 거의 없다. 따라서 전문성을 길러야 한다. 자기만의 은사를 계발해야 한다.

자신에게 있는 장점을 계발하라. 평범한 사람들은 유독 남이 가진 것에는 관심이 많지만, 자신이 가진 것에는 별 관심이 없다. 남의 장단점에는 훤한데, 정작 자신의 장단점은 잘 모른다. 간혹 부교역자들에게 은사가 무엇인지 질문하곤 하는데, "아직 모르겠습니다"라는 말을 들을 때면 답답하다. 내게 주신 장점을 모르고 어떻게 성도들의 장점과 은사를 살려줄 수 있겠는가?

나도 남보다 뛰어나게 잘하는 것이 없어서 열등감이 있었다. 하나님께서 나를 목사로 부르신 것은 맞는데, 내게 주신 은사가 무엇인지 몰라 고민했다. 그런데 부교역자 시절을 지나면서 하나님께서 말씀을 가르치는 은사를 주셨음을 깨달았다. 사람을 세우며 전통 교회를 목회하는 데 필요한 성품을 주셨다는 것도 알았다.

또한 나는 부교역자를 뽑을 때 부흥의 체험이 있는지를 꼭 확인한다. 부흥을 경험해본 교역자가 부흥을 사모하기 때문이다. 적은 인원이지만 한 부서를 맡아 거기에 생명을 걸고 기도하면서 부흥을 경험한 적이 있다면 그것은 오롯이 자신의 영적 능력이 된다. 하지만 지금 맡은 사역에 소홀하면서 마치 때를 잘못 만나서 꿈을 펼칠 수 없는 것처럼 생각하는 사람은 나중에 담임 목회를 해도 별로 달라지지 않는다. 우리가 존경하는 목회자들의 현재 모습만 보면 안 된다. 과거에는 그들도 대부분 부교역자였으며 그때부터 이미 크고 작은 부흥을 경험했다. 지금 내가 하는 일, 내가 맡은 사역에 최선을 다해야 한다.

목회를 해보니 기회가 오지 않는 것이 아니라, 기회가 왔을 때 준비되지 않은 것이 문제임을 뼈저리게 느낀다. 그때를 위해 능력을 계발하라.

3. 영성을 계발하라

예수님은 베드로에게 "내 양을 치라"라고 하셨다. 중요한 것은 예수님이 베드로에게 양을 치라고 하시면서 그를 치유해주셨다는 점이다. 주님의 베드로의 영성을 회복시켜주셨다. 자신의 영혼이 엉망인 상태에서는 다른 영혼들을 돌볼 수 없기 때문이다. 따라서 부교역자 시절, 하나님과 깊은 관계를 맺는 일에 있어서만큼은 누구에게도 뒤지지 않겠다는 마음이 있어야 한다.

여호수아가 성경에 처음 등장하는 부분은 아말렉과의 전쟁 장면이다(출 17장). 그는 이 싸움에서 모세의 명을 받고 아말렉과의 전쟁을 시작한다. "여호수아가 모세의 말대로 행하여 아말렉과 싸우고 모세와 아론과 훌은 산꼭대기에 올라가서"(출 17:10).

그는 모세의 명령에 복종하여 목숨을 내놓고 아말렉과의 전투에 임했다. 여호수아는 모세의 명령에 온전히 따랐다. 성경은 여호수아를 모세의 '부하'라고 소개한다(출 24:13). 여기에서 '부하'는 '조력자' 혹은 '종'이라는 히브리 단어 '메사레트'(mesaret)이다. 이처럼 여호수아는 모세의 조력자로서 최선을 다했다.

제자도는 따르는 것이다. 나는 앞으로 담임목회를 할 사람이니까 자잘한 것에는 신경 쓰지 않아도 된다는 식으로 생각해서는 안 된다. 누군가의 팔로어가 되어보지 못한 사람이 어떻게 사람들을 이끌 수 있겠는가? 여호수아는 철저하게 모세를 따랐다. 예수님의 열두 제자도 철저하게 주님을 따랐다. 사도 바울 또한 예수님을 본받고 따랐다.

한편 여호수아는 이스라엘의 최고 지도자 모세를 수종들면서도 영성 계발에 소홀하지 않았다. 그가 어느 정도로 여기에 전력했는지를 잘 보여주는 말씀이 있다. "사람이 자기의 친구와 이야기함같이 여호와께서는 모세와 대면하여 말씀하시며 모세는 진으로 돌아오나 눈의 아들 젊은 수종자 여호수아는 회막을 떠나지 아니하니라"(출 33:11). 하나님과 대면한 모세보다 오히려 여호수아가 더 오래 회막에 남아 하나님을 만났다.

부교역자들이 모인 경건회에서 옥한흠 목사님은 부교역자에게는 여호수아와 같은 영성이 있어야 한다고 강조하셨다. 영성을 제대로 관리하지 못하면 결코 목회에서 성공할 수 없다고 하셨다. 부교역자로서 여호수아처럼 하나님과 만나는 것이 최우선이라는 말씀이었다. 나는 지금도 그 말씀을 기억하고 있다. 그래서 부족하지만 가능하면 많이 기도하려고 애썼다. 기도를 통해 나만의 영성을 계발하려고 했다. 유학 기간 탈봇 신학교에 있는 샤론 채플에 갈 때마다, 공부하러 도서관에 갈 때마다 먼저 기도하면서 최선을 다했다.

4. 인간관계를 계발하라

목회에서 실패하는 원인 대부분은 실력 때문이 아니라 인간관계 때문이다. 반면 성공하는 사람들은 대부분 인간관계 덕분에 성공한다. 부교역자도 마찬가지다. 부교역자로서 행복하게 목회하려면 관계가 원활해야 한다. 하나는 담임목사와의 관계요, 다른 하나는 동료 교역자들과의 관계다. 그리고 가족과의 관계다.

담임목사와의 관계가 행복하면 사역도 즐겁고 신이 난다. 문제는 서로를 신뢰하지 못한다는 것이다. 한국 교회의 현실상 이런 관계를 유지하는 것은 거의 불가능하다. 담임목사는 부교역자를 신뢰하지 못하고, 부교역자는 담임목사를 믿지 못하는 경우가 많다.

담임목사와 부교역자와의 관계가 원활하면 자연스럽게 멘토링이 된다. 서로 신뢰하고 존경하는 관계에서는 자연스럽게 시너지

목사님, 제자훈련이 정말 행복해요

효과가 일어난다. "철이 철을 날카롭게 하는 것같이"(잠 27:17) 서로를 단련할 수 있게 된다.

또한 부교역자는 동역자들과 함께 일하는 기술을 배워야 한다. 담임목사에게는 잘하는데 동료 교역자들과의 사이가 원만하지 못해도 동역에 실패한다. 내가 중요하다면 다른 교역자도 중요하다. 내가 소명을 받았다면 그에게도 소명이 있을 것이다. 다른 사람을 배려하고 인정하는 것이야말로 부교역자 시절에 철저하게 습득해야 할 중요한 태도다. 그렇지 않고 담임목사가 되면 더욱 독선적이 되기 쉽기 때문이다. 웬만해선 다른 사람의 말을 듣지 않는다. 부교역자 시절부터 제멋대로 하던 사람이 담임목사가 된 교회는 어떠하겠는가?

요즘 기업에서 인재를 뽑을 때 재미있는 현상이 있다고 한다. 옛날에는 전공이 중요했다. 이공계열은 논외지만, 인문계열은 전공 구분이 엄격했다. 가령 경영, 경제, 무역, 영문학 등 특정 분야를 전공한 사람들만 뽑았다. 그런데 요즘은 철학이나 사학 등을 전공한 사람을 함께 채용하는 경우가 많다고 한다. 그런 사람들이 팀에 있어야 팀워크가 좋아지기 때문이다.

교회 안에서 혼자 잘난 것처럼 행동하는 부교역자들이 있다. 참으로 지혜롭지 못한 사람들이다. 비교의식 또한 동역의 아킬레스건이다. 어떤 교회에서는 담임목사가 부교역자들 사이에 경쟁심을 조성한다. 얼마나 비극적인 모습인지! 우리가 싸울 대상은 세상에 있다. 따라서 경쟁하지 말고 조화를 이루어야 한다. 이런 이유로 부교역자에게는 강한 자존감이 필요하다. 내가 받은 것에

만족하고, 그것을 소중히 여길 줄 알아야 한다. 내게 있는 것이 독특한 것이라는 사실을 인식해야 한다.

가족 관계는 목회에서 생명과도 같다. 사도 바울은 디모데에게 교회 지도자들의 자격을 언급하면서 이렇게 여설한다. "사람이 자기 집을 다스릴 줄 알지 못하면 어찌 하나님의 교회를 돌보리요"(딤전 3:5). 가정이 행복하지 못하면 목회가 행복하지 못하다. 아무리 목회에서 성공해도 가정에서 실패하면 불행하다.

이처럼 부교역자 시절 사람들과 좋은 관계를 맺고 그 지혜를 익히는 것이야말로 목회에 있어 큰 자산이 된다. 관계에서는 소통이 중요하다. 우선 하나님과의 소통이 잘 이루어져야 하며, 담임목사, 동료 교역자, 성도… 무엇보다 가족과 긴밀한 소통이 이루어져야 한다.

5. 비전을 계발하라

비전이 있을 때 인간은 달라진다. 사람에게 꿈이 없는 것처럼 비참한 일이 또 있을까? 사람이 왜 방자해지는가? 꿈이 없기 때문이다. 꿈이 없어서 마음대로 사는 것이다. "묵시가 없으면 백성이 방자히 행하거니와 율법을 지키는 자는 복이 있느니라"(잠 29:18).

꿈이 없으면 오늘이 내일 같고 내일이 오늘 같다. 꿈이 없으면 아무리 많은 소유가 있어도 의미가 없다. 감사와 만족이 없다. 하지만 꿈이 있으면 배고파도 배부르다. 인간이 배부른 돼지와 같지 않은 이유는 꿈이 있기 때문이다.

왜 비전을 가져야 하는가? 보는 만큼 갈 수 있기 때문이다. 소경이 소경을 이끄는 어리석음을 범하지 않으려면 멀리 내다볼 수 있어야 한다. 보는 만큼 인도할 수 있다. 사람은 배운 대로 하지 않고 본 대로 한다는 말이 있다. 그래서 부교역자 시절에 많은 것을 보라고 도전하고 싶다. 건강하고 능력 있는 목회 현장을 많이 눈여겨보라.

보는 만큼 인도할 수 있다는 사실은 여호수아를 통해서도 확인할 수 있다. 여호수아는 열두 명의 정탐꾼과 함께 가나안 땅을 정탐했다. 그 땅을 직접 눈으로 보았다. 이는 여호수아에게 가나안 정복을 성취하게 하시려는 하나님의 섭리였다.

목회자는 성도를 온전한 자로 세우기 위해 부르심을 받은 사람들이다. 요즘은 기업을 경영하는 사람들도 자리이타(自利利他), 즉 남을 이롭게 함으로써 자신을 이롭게 해야 오래간다고 말한다. 고객을 나눔과 베풂의 수혜자로 여기면 기업도 덩달아 잘된다는 것을 그들도 인정한다.

그렇다면 우리는 왜 자신을 발견하고 자기 계발에 힘써야 하는가? 누구를 위한 자기 계발인가? 이것은 매우 중요한 질문이다. 세 가지로 정리할 수 있다. 하나님을 섬기기 위해, 교회를 섬기기 위해, 그리고 성도들을 섬기기 위해서다. 적어도 그리스도의 제자인 우리는 남을 세우기 위해, 제자 삼기 위해 자기를 계발해야 한다.

미 육군의 모병 포스터에는 이런 문구가 있다. "미국의 가장 강력한 무기가 되라"(Be one of America's most powerful weapons). 그 문구를 보면서 내 마음속에도 이런 외침이 들려왔다. "하나님 나라의 가장 강력한 무기가 되자." 아멘.

제자훈련을 통해 얻은 것들

서경 집사

나의 하루 업무 시간은 대략 열다섯 시간이다. 아침 8시에 출근하여 밤 11시가 다 되어서야 일을 마치는 것이 예삿일이다. 때론 자정을 넘길 때도 있다. 이런 상황에서 직장 외에 뭔가를 계획하고 시도하기는 정말 쉽지 않았다. 하지만 교회는 이미 제자훈련의 열기로 달아올라 있었다. 교인들이 모이면 자연스럽게 제자훈련 이야기로 대화가 흘러갔다. 매주 정확한 요일과 시간을 정해 모여야 하는 제자훈련은 나의 빡빡한 일정을 볼 때 쉬운 일이 아니었다. 또한 적지 않은 숙제도 큰 부담이었다.

하지만 제자훈련을 통해서 나의 믿음도 자랄 것을 믿었기에 '하나님께서 어떻게 해주시지 않을까?' 하는 막연한 생각으로 훈련에 참여했다. 비즈니스 선교사의 비전을 가지고 있다면서 제자훈련 하나도 감당하지 못한다는 게 말이 안 된다는 생각도 들었다.

나는 하나님을 몰랐던 사람이다. 믿음이 신실한 지금의 아내를 만나 교회에 잘 다니겠다는 약속을 하고 결혼했다. 그러나 그 약속은 지켜지지 않았다. 오히려 믿는 아내를 핍박하고 매일 술로 세월을 보냈으니 정상적인 가정생활을 꾸려갈 수가 없었다.

그러던 어느 날, 교회에서 여름 수련회를 가는데 운전을 해달라는 부탁을 받았다. 개척교회이다 보니 운전할 사람이 마땅치 않았기 때문이다. 아내가 통사정하길래 엉겁결에 그러자고 했다. 그 후에 내게 일어난 일은 지금 생각해도 너무 신기하다.

기도원에 있는 3일 동안 마음속에 금식을 해보자는 생각이 너무도 강하게 나를 사로잡고선 놓아주질 않았다. 고개를 흔들면서 생각을 지우려 해봤지만 내 뜻대로 되지 않았다. 믿음도 없었던 내가 해보는 생애 첫 금식이었다. 하지만 하나님의 강력한 인도하심이었기에, 힘들다는 생각이 들기도 전에 성령께서 베푸시는 능력들을 경험했다.

이렇게 하나님을 만나고 내 생활은 거짓말처럼 바뀌었다. 하나님을 만난 이후, 기도할 때에 들은 음성이 마태복음 28장 19-20절이었다. 그 후로 신앙생활을 하면서 마음으로는 비즈니스 선교사의 비전을 품었다.

이 비전을 위해 지금까지 기도해왔고, 사람들 앞에서 공개적으로 그 비전을 고백하곤 했다. 그런데 제자훈련 앞에서 미리 겁을 먹고, 나약한 모습을 보인 것이다. '어떻게 되겠지'라는 마음과 '어느 것 하나는 포기하리라'는 마음으로 훈련에 임했다.

역시 기대만큼 매주 매시간 넘치는 은혜를 경험했다. 이 은혜 덕분에 시간이나 환경의 어려움 그리고 육신의 피곤함도 몰랐다. 첫 시간에 미리 작성해온 간증문을 읽으면서, 그간 나에게 베푸셨던 하나님의 은혜가 밀려와, 그만 울컥 눈물을 쏟고 말았다.

남자들만 모인 그곳에서 우리는 '벌거벗었으나 부끄럽지 않은' 동지들이 되었다. 첫 시간부터 부어주시는 은혜로 담대함이 생겼고, 어려운 환경은 나에게 아무 영향도 미칠 수 없었다.

매주 말씀을 묵상하면서, 제자훈련 생활 숙제를 하면서 나의 모난 부분들도 다듬어져 갔다. 사실 가정에서는 말이 없고 자녀들에게는 엄한 아버지였으나, 밖에서는 사교적인 사람으로 알려져 있던 나였다. 그런데 생활 숙제로 설거지나 방 청소를 하고, 아내의 손을 잡고 기도하고, 자녀들에게 사랑한다고 고백하면서 변화의 물꼬를 틀 수 있었다. 처음에 어색하고 계면쩍었던 것은 어쩔 수 없었지만, 시간이 흐를수록 자연스러워졌다.

가정예배가 회복된 것도 큰 은혜이다. 큰아들이 기타를 치면서 찬양으로 시작하고, 나눔을 통해 서로의 어려움이나 생각을 말하고 기도로 마무리를 하고 나면, 세 시간이 훌쩍 지나기도 했다.

제자훈련 1학기를 마친 후 방학 기간에 하박국서를 묵상할 때의 일이었다. 1학기를 돌아보면서 '감사'라는 단어가 나를 사로잡았다. 이보다 더 적절한 표현을 찾을 수가 없었다. 그래서 하나님께 여쭈었다. "하나님! 제가 어떻게 감사를 표현해야 할까요?"

곧바로 마음속에 떠오른 생각이, 하나님께 500만 원을 드리고 싶다는 것이었다. 당시에 형편이 좋을 때가 아니어서, 쉽게 결정하지 못하고 머뭇거리고 있는데, 주일에 선포된 말씀으로 다시 결심을 굳힐 수 있었다. 아브라함이 독자 이삭을 드리는 장면이었다.

또 독서를 통한 영적인 깨우침들도 제자훈련을 받으며 만끽할 수 있는 벅찬 감동이다. 가끔 제자훈련 때에 제출했던 숙제들을 모아놓은 파일을 읽어보곤 한다. 그럴 때마다 당시 받은 은혜가 생생하게 떠올라, 혼자서 눈물짓곤 한다.

하나님은 제자훈련을 통해, 우리 가정의 비전 또한 확실하게 세워 주셨다. 한 가정을 후원하는 것으로 시작된 선교는, 열 민족을 품는 것을 지나 지금은 스무 민족을 품고 기도하고 있다.

그렇다고 내게 재정적인 여유가 있는 것은 아니다. 항상 마이너스 살림에 허덕여야 하고, 늘어난 은행 융자에 근심이 될 때도 잦다. 하지만 이런 상황에서도 마음을 비우고 하나님이 일하시는 자리를 마련해드리려고 최선을 다한다.

오늘의 나를 만들어주시기 위해 성삼위 하나님은 부지런히 역사하시고 인도해주셨다. 하나님께서 지금 나에게 맡겨주신 것은, 하나님의 나라와 그의 의를 위한 선교의 도구로 사용하라고 주신 것으로 생각한다. 부족한 나를 통해 많은 사람에게 은혜의 영향력이 미칠 수 있기를 꿈꿔본다. 그렇기에 매일 아침 우리 하나님께 굿모닝을 외친다.

목사님, 제자훈련이 정말 행복해요

부록 1

신일교회 새생명축제:

준비부터 실행, 마무리까지 완벽 정리

신일교회 새생명축제의 역사

신일교회의 새생명축제는 역사가 길지 않다. 신일교회는 2016년 현재, 45년의 역사를 가진 전통 교회다. 그렇지만 신일교회도 복음에 대한 열정이 뜨겁지 않았다. 기껏해야 1년에 한두 번 총동원 전도를 하긴 했지만, 열매는 전혀 없는 상태였다. 이런 상황에서 내가 부임하자마자 실시한 것이 '전교인 전도'였다. 매달 첫 번째 주일에 모든 교인이 전도지를 들고 전도를 나갔다. 이 시간을 통해 전도에 대한 부담감이 점차 사라지고 자신감이 붙었다.

전도에 대한 토양이 자리 잡히고 성도들의 전도 열정에 불이 붙을 즈음, 2002년에 '제1차 새생명축제'를 시작했다. 처음에는 성도들이 '새생명축제'가 무엇인지도 제대로 인식하지 못했다. 개념 자체가 생소했기 때문이었다. 처음에는 새생명축제 준비위원들이 그 성격을 분명하게 인식할 수 있도록 도왔다. 그러면서 교회 전체가 함께하는 분위기가 조성되었다. 가만히 있던 성도들도 움직이기 시작했다.

1차 새생명축제가 성공적으로 끝나자 성도들은 전도에 자신감을 갖게 되었다. 이후 매년 새생명축제는 신일교회의 대표적인 사역으로 자리매김했다. 그뿐만 아니라 교회가 새생명축제를 통해 양적으로 성장하는 발판이 마련되었다. 매년 새생명축제를 통해 새로 믿은 성도들이 교회에 등록하고 정착하면서 교회는 지속적인 부흥의 엔진을 갖추었다.

새생명축제의 준비

1) 태신자 작정

새생명축제는 태신자 작정으로 시작된다. 태신자란 막연한 전도 대상자가 아니라 구체적으로 내가 초대해서 모시고 올 사람을 의미한다. 전도 대상자는 연초에 미리 결정한다. 그리고 6개월 이상 사랑과 관심을 쏟아 그를 섬긴다. 전도자는 태신자가 새생명축제에 오는 것으로 만족하지 않고 그가 결신하고 등록해서 교회에 뿌리를 내리기까지 헌신하며 수고를 다한다. 그런 측면에서 기존의 '총동원 주일' 개념과는 다르다.

참고로 신일교회의 새생명축제는 매해 송구영신 예배 때에 본격적으로 시작된다. 이때 처음으로 태신자를 작정하고 잉태하여 몇 개월이 지난 후에 해산한다는 상징적인 의미를 부여한다. 또한 1~2월과 부활주일에도 다시 한 번 태신자를 작정하게 한다. 여러 번 기회를 주는 것이다.

5월은 가족 태신자를 기도로 품는 달이다. 8~9월에는 실제적으로 태신자에게 접촉한다. 태신자들과의 개인적인 만남을 통해서 관계를 보다 친밀하게 해두고, 교회에서 준비한 여러 가지 전도 자료들을 활용하여 그들이 집회에 참석할 수 있도록 사전 땅고르기 작업을 한다. 이때 전도지와 전도용 메시지, 교회 소식지 등을 활용하면 좋다. 이렇게 한두 번 찾아가고 만나다 보면 대부분의 사람은 호의를 받아들인다. 마지막으로 새생명축제를 40일 정도 앞두고는 '태신자 7번 만나기 운동'을 한다. 간증 나누기, 교회 소개하기, 선물 주기, 식사 초대하기 등으로 지속적인 접촉을 하는 것이다.

2) 부활절 달걀 나누기

전통적으로 부활주일에는 교회가 성도들에게 달걀을 준다. 비신자 중에서도 부활주일에 한 번쯤 달걀을 받아본 경험이 있을 것이다. 신일교회는 성도들끼리 달걀을 먹는 대신, 이웃이나 태신자들과 나누도록 한다.

부활주일 전 고난 주간에는 성도들이 수천 개의 달걀 바구니를 제작한다. 바구니 안에 달걀과 초콜릿, 사탕 그리고 방울토마토 등을 넣어 성도들과 이웃들에게 나누어 준다. 부활의 기쁨을 태신자들과 함께 나누면서 간접적으로나마 복음을 소개하는 기회로 삼는다.

3) 새생명축제 준비 위원회

새생명축제를 40일 정도 앞둔 시점부터 본격적인 준비가 시작된다. 이를 위해 새생명축제 두 달 전에 준비 위원회를 구성한다. 이 모임이 실제적인 사령탑 역할을 한다. 준비 위원회는 담임목사가 위원장이 되며 전도 담당 목사와 전도 위원장, 전도 부장이 핵심 역할을 담당한다. 신일교회 새생명축제 준비 위원회는 평신도들을 주축으로 조직된다는 특징이 있다. 물론 교역자들이 조언을 하면서 제 역할을 하고는 있지만 중심축은 평신도들이다. 위원회는 매주 한 번씩 모이는데 모든 위원이 거의 빠짐없이 참석한다. 중요한 내용은 대부분 여기에서 논의되고 결정된다.

3) 담임목사의 역할

새생명축제의 성공 여부를 결정짓는 중요한 키는 담임목사에게 있다. 담임목사가 성령을 의지하고 앞장서서 진두지휘할 때 사탄이 틈타지 못한다. 담임목사가 복음에 열정을 가질 때 성도들도 은혜를 받고 불이 붙는다. 간혹 새생명축제를 부교역자에게 맡겨 두고 담임목사 자신은 뒷짐 진 경우를 보는데, 그런 교회는 십중팔구 실패하는 것을 본다.

담임목사는 그 해 새생명축제의 주제를 결정해야 한다. 매년 지향해야 할 방향과 주제가 다르고 중점적으로 다룰 사항도 같지 않다. 신일교회의 경우, 초창기에는 '한 사람이 한 사람을 구원하자'라는 구호를 시작으로 주로 개인 전도에 중점을 두었다. 5차가 지난 후부터는 데려오는 것도 중요하지만 정착에 더 초점을 맞추고 있다. 그래서 '바나바훈련'을 시키고 그들이 태신자들을 관리하도록 하고 있다.

강사 선정도 중요하다. 나는 개인적으로, 새생명축제를 위해 담임목사보다 더 좋은 강사는 없다고 생각한다. 전도자들을 가장 잘 알 뿐만 아니라 태신자들과 함께 신앙생활을 할 사람이 담임목사이기 때문이다. 물론 집회가 많은 경우는 외부 강사를 초청하는 것도 괜찮다. 외부 강사의 경우, 유명세나 목회 경험보다는 복음전도 설교를 얼마나 많이 전해보았는지를 먼저 고려한다. 의외로 복음전도 설교에 익숙하지 않은 강사들이 많다. 그러므로 강사 선정을 위해서는 그들이 전한 복음전도 설교를 들어보고 검증을 해야 한다.

또한 전도 설교 후 결신하는 순서는 담임목사가 맡는 것이 좋다. 개인적으로도 복음의 능력을 경험할 뿐만 아니라, 전도자들에게도 심리적인 안정을 줄 수 있기 때문이다.

문제는 새생명축제를 처음 하거나 전도 메시지를 전해본 경험이 없는 경우다. 이런 때에는 연예인을 초대해서 설교가 아닌 간증을 들려주는 사례가 많다. 물론 태신자에게 익숙한 사람을 통해 낯선 복음에 가까이 다가가게 하는 시도는 필요하다. 그러나 복음에는 유명인의 재능과 입담과는 비교할 수 없는 탁월한 능력이 있다고 믿는다. 담임목사의 경험이 부족하다고 해서 복음전도의 기회를 미루어둔다면 언제 그 일을 할 수 있을 것인가? 복음 설교에 경험이 없고 부족하더라도 기도하면서 준비한다면 성령께서 일하실 것이다.

3

새생명축제의 분과별 진행

1) 기획 분과

기획 분과에서는 새생명축제의 전체 방향과 진행을 위한 세부 지침을 결정한다. 기획 분과는 집회 시작 최소 3개월 이전에 모이기 시작해서 각 분과의 상황과 진행 사항을 수시로 확인해야 한다. 전도 위원장을 중심으로 전도 부장과 총무가 한 조를 이룬다. 전년도 새생명축제를 참고하면서도 원칙적으로는 당해의 축제를 완전히 새롭게 다시 짜야 한다. 처음에는 전도 담당 목회자가 이 과정을 지도하고, 그다음부터는 평신도들이 주도하는 것이 좋다.

2) 예배 분과

예배 분과에서는 새생명축제 당일, 예배 진행과 관련된 모든 사항을 사전에 계획하고 준비한다. 담임목사의 지시에 따라 예배 순서지 제작, 시나리오 작성과 진행을 총괄 담당한다. 예배 공간, 영상 및 방송 시설 점검도 매우 중요하다. 새생명축제 예배는 비신자들이 교회에 대해 갖는 첫 인상에 지대한 영향을 미친다. 예배가 지나치게 경직되지 않도록 해야 하지만 사회에서의 모임과 구별되는 부분도 분명히 있어야 한다.

3) 기도 분과

새생명축제는 영적 전쟁이다. 사탄이 가장 싫어하는 일을 하기 때문이다. 그런 의미에서 기도 분과는 겉으로 드러나지는 않지만 새생명축제에서 중추적인 역할을 담당한다.

신일교회는 새생명축제 40일 전부터 매일 저녁에 '40일 연속 릴레이 기도회'를 연다. 추석 명절이 끼어 있어도 기도의 줄은 계속된다. 첫해에는 소수로 시작한 기도회가 이제는 매일 50명 이상이 참석하는 영적인 지원팀으로 성장했다. 이 '릴레이 기도회'를 기도 분과에서 주관한다. 소그룹이 돌아가며 나오기도 하는 등 자원자도 점차 많아지고 있다.

또한 당일 모든 집회 시에 기도 분과가 집중적으로 도고기도를 드린다. 순서 및 담당자 특히 구원 초청 시간을 위해 지원한다. 이들의 방패 기도를 통해 사탄의 궤계를 물리치고 영혼을 추수하는 사역을 감당할 수 있다.

4) 홍보 분과

홍보 분과는 새생명축제와 관련된 모든 사항을 성도들에게 알리는 역할을 담당한다. 주제, 목표 및 일정뿐만 아니라, 준비 및 진행 상황을 수시로 공유한다. 우선 각종 포스터, 현수막, X-배너 등을 통해 동시에 홍보를 시작한다. 소식지를 발간하고, 주보에서도 새생명축제를 알린다. 교회 안에서 전도를 잘하는 성도들의 모습을 담아 다큐멘터리를 제작하기도 한다. 복음 전파와 관련해 마음을 열어주고 자발적인 동참을 끌어내는 영상물을 제작하여 동기부여를 한다. D-Day 현판을 부착해서 성도들이 긴장을 늦추지 않도록 돕는다. 이런 일들을 통해 교회와 성도들의 소통을 원활하게 하고 전체적인 분위기 조성과 홍보에 이바지한다.

5) 자료 분과

새생명축제 진행을 위해서는 다양한 자료들이 많이 필요하다. 이런 자료들을 제작하여 효과적으로 사용할 수 있도록 하는 것이 자료 분과의 주 업무다.

(가) 전도용 자료 및 CD 제작

새생명축제 성패의 열쇠는 복음을 태신자들에게 얼마나 깊이 각인시키느냐에 달려 있다. 우선 담임목사의 설교 중에서 비신자들에게 친근하게 다가갈 수 있는 설교를 뽑아서 영상물로 제작한다. 신일교회에서는 옥한흠 목사, 박효진 장로, 김복순 전도사 등의 설교와 간증 등을 테이프나 CD로 제공한다. 최근에는 CD나 영상 파일을 더 많이 활용하고 있다.

(나) 전도지 제작

복음 메시지를 간증 형식으로 풀어쓴 전도지를 활용한다. 일반인들이 익히 이름만 들어도 알 수 있게끔 이지선 자매, 최경주 집사, 정근모 총장 등의 간증을 글로 엮어 전도지를 제작해서 배포하고 있다.

(다) 새생명축제 스티커 제작

새생명축제를 시작하는 동시에 스티커를 제작해서 예배 시간에 전 교인이 성경에 부착하는 시간을 마련한다. 이것은 교회 전체가 전도에 관심을 집중하고 이 사역을 위한 일체감을 조성하는 데 효과적이다.

(라) 태신자 카드, 당일 참석 카드, 패스포트 및 제반 인쇄물 제작

새생명축제 당일에 어떻게 해야 할지를 집약적으로 소개한 안내서인 패스포트(passport)를 제공한다. 당일 사용할 참석 카드와 결신 카드 제작도 중요하다. 축제 전주에 성도들에게 나누어 주어 작성해오도록 한다. 당일에는 로비와 창구가 혼잡하므로 미리 작성하는 것이 좋다.

(마) 소그룹 모임용 교재 제작

소그룹 모임에서는 새생명축제 7주 전부터 특별판 교재로 공부한다. 주로 전도를 주제로 공부하면서 동기부여를 받을 수 있도록 구성되어 있다.

(바) 참석자 선물 선정

새생명축제는 복음이라는 지상 최대의 선물을 소개하는 자리다. 이를 위해 태신자들이 의미를 간직할 수 있도록 교회 차원에서 선물을 주는 것이 좋다. 신일교회는 이를 위해 매년 다양한 선물을 준비해서 전달하고 있다. 부담되어서도 안 되고, 그렇다고 너무 질이 떨어져도 좋지 않다. 정성과 애정을 느낄 수 있도록 적절한 수준을 맞춘다.

6) 동원 분과

앞에서도 말했듯이 담임목사가 선두에 서서 성도들에게 참여를 독려하고 그 의미와 중요성을 강조해야 한다. 새생명축제에 집중하는 것이다. 동원 분과는 이러한 분위기를 유지하고 실제로 이를 지원하는 임무를 맡는다. 구체적인 업무는 아래와 같다.

(가) 태신자 등록 목표 인원 설정

목표 인원을 반드시 정해야 하는 것은 아니다. 중요한 것은 당일 실제 참석 인원이다. 지난 수년간의 통계분석 결과, 새생명축제에 참여한 태신자의 50퍼센트 정도가 결신을 하고 결신자의 50퍼센트가 등록을 했다. 그러므로 동원 분과는 당일에 태신자를 많이 모시고 올 수 있도록 최선을 다해야 한다.

(나) 동기부여

동원 전략에서는 동기부여가 가장 중요하다. 평소 전도를 꾸준히 했다면 사람을 만나고 데려오는 일이 어렵지 않을 것이다. 하지만 전도가 생활화되지 않은 경우라면, 막상 입을 열기부터가 쉽지 않다.

동기부여를 위해서는 무엇보다 담임목사의 강단 메시지가 중요하다. 평신도 전도자의 간증 또한 성도들에게 동기부여가 된다. 평소 전도를 열심히 하면서 열매가 있는 성도를 교회 내에서 추천받아 간증하게 한다. 비슷한 입장에 있는 평신도의 구체적인 체험과 간증은 많은 사람에게 자기도 전도할 수 있다는 마음과 사모함을 심어준다.

외부 간증자는 좀 더 전문적인 전도자들이다. 하지만 성도들의 일상적인 경험과 지나치게 동떨어졌다면 도전은 받으나 엄두가 나지 않을 수도 있다. 그러므로 동원 분과에서는 사전에 이런 부분을 점검하고 검증해서 세워야 한다.

(다) 목장별 동원 독려 및 상황 점검

새생명축제에서 가장 강력한 힘을 발휘하는 것이 목장(순모임)과 전도회다. 새생명축제를 성공적으로 이끌기 위해서는 이 둘을 최대한 활용해야 한다. 목자를 중심으로 전도를 독려하고 전도 현황을 점검하여 소식을 공유한다.

지금까지 새생명축제를 진행하면서 내린 결론은 목자가 전도에 힘을 쏟으면 목원들도 열정적으로 동참한다는 사실이다. 지도자의 역할이 얼마나 중요한가를 새삼 깨닫는다. 목자와 목원이 태신자를 놓고 서로 기도하면서 눈물을 흘리는 모습은 무척 감동적이다. 그런 산고를 통해 한 영혼이 새로 태어나는 기쁨을 함께 맛본다. 동원 분과는 특별히 7주 동안 '3·5·7 운동'(하루 3번 기도하면서 5명의 태신자를 7번 찾아가기)을 벌인다.

7) 등록 분과

등록 분과는 새생명축제 당일과 사후에 할 일이 많은 분과다. 우선 당일 태신자들이 원활하게 등록할 수 있도록 만반의 준비를 갖추어야 한다. 당일에 한꺼번에 많은 태신자들이 몰리기 때문에 혼잡을 최소한으로 줄일 방안을 마련한다. 태신자를 접수하면서 곧바로 전산 입력을 할 수 있는 시스템을 준비한다. 이를 위해 등록 분과 담당자들은 친절하면서도 일사불란하게 움직여야 한다. 그들의 태도가 교회의 첫 인상으로 이어진다.

8) 영상 및 방송 분과

새생명축제를 홍보하는 영상 및 전도 동기부여 영상을 제작하거나 선정하여 상영한다. 여기에는 홍보 분과가 협력한다. 새생명축제 당일에도 영상 프레젠테이션을 한다. 이는 복음의 훌륭한 접촉점으로 큰 효과를 발휘한다.

9) 봉사 및 주차 분과

봉사위원회는 집회 관련 각종 시설 준비와 점검을 한다. 교회 대청소를 하고 유아 방과 어린이 방을 운영한다. 당일 주차 관련 부문도 철저히 점검해야 한다. 당일에 신일교회 성도들은 가능한 한 차를 가져오지 않도록 권면하고 교회 주차장은 태신자들에게 우선권을 준다.

10) 후속 양육 분과

후속 양육 분과는 집회 후 결신자에게 교회 안내 자료를 배부하고, 교회에 등록한 태신자들에게는 그들의 정착을 돕는 섬김이(바나바)를 연결한다. 또한 소그룹(목장)을 배치하고 새가족 성경공부에 인도한다.

4 새생명축제 당일 집회 진행

새생명축제 집회는 무엇보다 '영혼의 잔치'이다. 이 집회를 여신 주인공은 하나님이시며 VIP는 태신자다. 한 영혼이 주님께 돌아올 때 천국에서는 잔치가 열린다는 심정으로 진행한다. 모든 집회는 비신자를 타깃으로 하여 진행함을 원칙으로 한다. 예배의 순서 진행 그리고 분위기까지 보통 집회와는 확연히 다르다.

1) 예배 스타일

신일교회의 새생명축제 당일의 예배는 평상시와는 다르다. 전통적인 예배 스타일에서 벗어나 순서가 무척 간단하다. 우선 사회자가 인사한 뒤 서로 인사를 나누게 한다. 그리고 사회자가 기도한다. 기도 후에는 찬양 시간이다. 찬양은 태신자들에게 익숙한 연예인 출신이 인도하는 경우도 있다. 찬양 후에는 간증을 하고 영상을 보여준다. 그리고 복음 메시지를 선포하고 영접하는 시간이 있으며, 이후에 서로 교제하고 축복 기도로 예배를 마친다. 전체 예배 시간은 1시간 30분 내외이다.

이처럼 비신자들에 초점을 맞추어 그들의 입장에서 편안하고 깊은 인상이 남을 만한 예배로 준비한다.

당일 예배는 경건, 단순함 그리고 축제의 세 요소가 함께 조화를 이루는 것이 좋다. 우선 신일교회는 새생명축제를 주일 오전과 오후에 열기 때문에 예배 형식을 유지한다. 간혹 비신자들의 눈높이에 맞추려다가 예배가 쇼의 형식으로 변질하거나 겹박해지는 경우가 있다. 이럴 때 기존 성도는 괜찮지만 오히려 태신자들에게 좋지 않은 영향을 줄 수도 있다. 그러므로 지루하거나 무겁지 않으면서도 경건의 맛을 느낄 수 있게 준비해야 한다. 둘째로, 단순해야 한다. 예배가 너무 복잡하면 태신자들이 혼동한다. 가뜩이나 처음으로 교회에 와서 낯선데 지나치게 복잡하면 힘들어진다. 신일교회에서는 담임목사의 환영, 기도, 찬양, 간증, 설교, 구원 초청의 순서로 예배 형식은 유지하면서 최대한 단순하게 변형을 한다. 이를 위해서는 당회원들의 협조가 필요하다. 마지막으로, 축제의 요소가 꼭 필요하다. 예배는 경건하면서도 한편으로 축제의 기쁨이 살아 있어야 한다.

2) 안내

비신자들이 처음으로 교회에 나왔더라도 어색함이 느껴지지 않도록 초점을 맞춘다. 우선 안내 위원들이 태신자를 맞이할 때도 애정 어린 환대는 느끼도록 하되 부담을 갖게 해서는 안 된다. 이 시간만큼은 자신이 '최고의 손님'(VIP)이라고 느낄 수 있게 한다. 밝고 친절한 안내는 필수다. 참석 카드와 결신 카드는 인도자가 작성한다. 시간 여유가 있으면 태신자를 조금 일찍 만나 차를 마시며 마음 준비를 시킨다. 그리고 이날은 서로 바쁘기 때문에 각자 모셔온 태신자에게 최선을 다해야 한다. 집회 시작부터 끝까지 태신자를 위해 마음으로 기도한다. 찬양하고 성경 말씀을 찾고 설교를 듣는 시간이 태신자에게는 모두 부자연스럽고 힘겹게 느껴질 수 있다. 그러므로 전도자는 태신자의 옆 자리에 앉아 가능한 한 편안하게 메시지에 집중할 수 있도록 배려한다.

3) 찬양

교회에 처음 나오는 사람일지라도 찬송가 한두 곡은 들어봤을 것이다. 처음 접하더라도 쉽게 익숙해질 수 있도록 경쾌하고 단순한 곡들을 중심으로 선곡한다. 이때 찬양은 비신자들의 마음을 열게 하는 촉매제가 된다. 찬양 시간이 좋았다고 하는 태신자들이 의외로 많다. 그들의 빈 마음과 상한 마음을 녹이고 마음의 문을 열게 하는 일에서 찬양은 훌륭한 도구로 쓰임받는다.

4) 간증

찬양 후에는 간증 시간을 갖는다. 복음에 대한 편견이나 이질감이 해소되고 모종의 동질감을 느낄 수 있는 시간이다. 간증에서 중요한 것은 간증자와 청중들 사이의 공감대 형성이다. 당일의 집회 성격에 맞추어 간증자를 선택하는 것도 중요하다. 가령 주부들이 주로 모이는 월요일 오전 집회의 경우에는 여성들에게 친근한 간증자를 세우는 것이 좋다.

5) 복음 메시지

새생명축제 집회에서 가장 중요하면서도 결정적인 시간은 바로 복음을 듣는 시간이다. 설교자는 무엇보다 비신자들이 알아들을 수 있는 수준으로 설교해야 한다. 지나치게 신학적이고 어려운 설교를 하면 비신자들이 마음을 열지 않는다. 하지만 복음의 핵심을 놓칠 정도로 가벼워서도 안 된다. 설교자는 복음의 능력을 믿어야 한다. 비록 태신자들이 듣지 않는 것처럼 보이지만 순전한 복음을 전하면 듣는다. 이처럼 그들이 복음에 직면할 수 있도록 메시지를 전한다. 설교자의 능력이 아니라 복음의 능력에 온전히 의존하면 성령께서 말씀을 통해 친히 일하신다.

6) 결신 초청

태신자들에게 복음을 선포한 후에, 그들이 개인적으로 메시지에 반응할 수 있게 시간과 여건을 마련한다. 이것이 결신의 시간이다. 새생명축제에서 가장 긴장되는 순간이기도 하다. 이는 전도자에게도 마찬가지다. '내가 전도한 태신자가 과연 복음을 영접할까?', '예수님을 영접하지 않으면 앞으로 어떻게 해야 하나?' 하는 생각으로 마음을 졸인다. 이때 전도자는 기도하는 마음으로 태신자의 감정이나 태도의 변화를 주시한다.

사탄은 이때를 이용해서 태신자의 마음을 흔들어놓는다. 담임목사는 분명한 어조로 결신을 촉구해야 한다. 이때 시간적인 여유를 주는 것이 좋다. 조급하게 하지 말라. 이 시간을 경건하고 진지하게 다루라. 그렇다고 결신을 구걸하는 것도 좋지 않다. 담대한 믿음으로 성령을 의지하라. 결단 후에는 결신한 태신자들을 진심으로 격려하고 축하하는 시간을 갖는다.

새생명축제 사후 관리

새생명축제가 총동원주일과 다른 것은 '사후 관리'가 따라붙는 데 있다. 새생명축제가 끝나면 준비 위원회는 더욱 바빠진다. 등록한 태신자가 교회에 정착할 수 있도록 다방면으로 노력해야 하기 때문이다. 새생명축제 이후 등록한 태신자가 교회 안에서 믿음이 자라 장성한 분량에 이르기까지 다시금 해산하는 수고를 해야 한다 (갈 4:19). 이것이야말로 진정한 믿음의 아비요 어미다운 모습이다. 새생명축제 이후 신일교회는 다음과 같은 수고를 한다.

1) 데이터 관리

축제가 끝나자마자 곧바로 데이터를 정리한다. 가급적 빨리, 적어도 다음 날부터 교역자와 새가족부가 결신자들에게 연락을 취한다. 새생명축제가 끝난 주에 결신자 환영회를 여는 것도 잊지 않는다. 결신자들이 자연스럽게 교회에 정착할 수 있도록 머뭇거림 없이 최선을 다한다. 또한 결신하지 않은 방문자일지라도 참석자 전원에게 감사카드를 보낸다.

2) 결신자 환영 만찬

새생명축제를 통해 결신한 사람들은 하늘나라에서뿐만 아니라 이 땅에서도 환영을 받아야 한다. 복음을 듣고 믿어 구원받은 것이 얼마나 놀라운 은혜인지를 일깨워주어야 한다. 첫 번째 육하는 '결신자 환영 모임'에 초대하는 것이다. 신일교회는 토요일 저녁과 주일예배 후에 두 번의 만찬을 진행한다. 토요일의 경우는 시간적 여유가 있어 좋지만, 경조사나 집안 행사가 많아 참석률이 낮다는 단점이 있다. 주일은 시간적 여유는 없으나 참석률이 높다. 그리고 주일예배에 한 번 더 참석하게 된다는 것도 장점이다.

3) 교회 등록

교회 등록은 새생명축제 다음 주일부터 시작된다. 결신자 환영 모임에서 바로 등록 카드를 작성하는 경우도 있다. 어느 경우든지 교회의 관심과 지도를 받으려면 꼭 등록해야 한다는 사실을 주지시킨다. 등록 후에는 바로 새가족부와 담당 교역자가 심방을 한다. 결신자의 교회 정착을 위해서는 섬김이(바나바)와 교역자와의 연결이 원활하게 이루어져야 한다.

4) 섬김이 연결

섬김이는 신일교회에서 운영하는 일종의 '헬퍼 시스템'이다. 사도행전 11장 24절("바나바는 착한 사람이요 성령과 믿음이 충만한 사람이라. 이에 큰 무리가 주께 더하여지더라")에 근거하여 새가족이 교회에 가능한 한 신속하게 적응하도록 돕는 시스템이다. 섬김이는 새가족을 가르치는 것이 아니라 교회를 소개하는 역할을 맡는다. 4주간의 만남을 통해 새가족이 교회에 잘 적응하도록 돕는다. 이를 위해 주중에 연락을 해서 만나고 식사 교제도 한다. 그리고 새가족에게 성경 찬송을 선물한다. 또한 교회 내 7명의 다른 평신도들을 소개한다.

이처럼 섬김이(바나바)는 새가족의 교회 정착에 지대한 영향을 끼친다. 지금까지 신일교회는 섬김이 제도를 통해 정착률을 꾸준히 높여오고 있다.

5) 소그룹 연결

소그룹은 교회의 세포와도 같다. 태신자를 소그룹에 연결하는 것은 정착에 있어 관건이 된다. 이때 교회에서 소속감과 지체 의식을 경험하고 함께 말씀을 배우는 것이 중요하다. 혹 전도자의 소그룹에 편성되기를 원한다면 그렇게 하는 것도 좋다. 바나바와 전도자는 태신자가 소그룹 모임에 참석할 수 있도록 항상 관심을 갖는다.

6) 새가족 모임

태신자가 등록하면 주일예배에 빠지지 않고 출석해야 한다. 그런 의미에서 등록한 태신자는 새가족 모임에 참석하도록 한다. 복음으로 막 뜨겁게 달아올랐을 때 집중적으로 복음의 깊은 것들을 가르친다. 신일교회에 등록하는 모든 성도는 5주 새가족 성경공부를 이수한다. 이 모임을 통해 믿음이 확신으로 바뀌고 생각의 변화가 행동의 변화로 이어진다.

목사님, 제자훈련이 정말 행복해요